泛第三极主要城市快速扩张及其驱动机制研究

栾文飞　李　阁　王　宇　著

中国矿业大学出版社
·徐州·

内容提要

本书以泛第三极主要城市为研究区，基于Google Earth高分辨率历史遥感影像、自然社会经济多源空间数据，结合深度学习模型框架和二元逻辑回归分析模型，综合揭示了2000年以来泛第三极主要城市的扩张动态及其主导因素，主要研究内容包括泛第三极主要城市时间序列土地覆盖数据分类、城市扩张驱动机制分析以及城市未来扩张模拟等。本书研究结论可为泛第三极主要城市未来健康发展提供有价值的参考信息，有助于实现城市可持续发展目标。

本书适合从事环境科学、气候变化、资源管理、地理信息系统和遥感技术等领域的科研人员阅读，同样适合高校相关专业的本科生和研究生使用。

图书在版编目(CIP)数据

泛第三极主要城市快速扩张及其驱动机制研究 / 栾文飞，李阁，王宇著. — 徐州 ：中国矿业大学出版社，2025. 5. — ISBN 978-7-5646-6700-9

Ⅰ. F299.21

中国国家版本馆 CIP 数据核字第 20253ES853 号

书　　名　泛第三极主要城市快速扩张及其驱动机制研究

著　　者　栾文飞　李　阁　王　宇

责任编辑　何　戈

出版发行　中国矿业大学出版社有限责任公司

（江苏省徐州市解放南路　邮编 221008）

营销热线　(0516)83885370　83884103

出版服务　(0516)83995789　83884920

网　　址　http://www.cumtp.com　**E-mail**:cumtpvip@cumtp.com

印　　刷　广东虎彩云印刷有限公司

开　　本　787 mm×1092 mm　1/16　**印张** 7.5　**字数** 147 千字

版次印次　2025 年 5 月第 1 版　2025 年 5 月第 1 次印刷

定　　价　32.00 元

前　言

快速城市化是最剧烈和最直观影响地表环境变化的人类活动。作为全球环境变化的重要组分，城市扩张显著地改变了土地覆盖以及水文过程，深刻地影响了自然和人居环境。近年来在人口和社会经济迅速增长的背景下，发展中国家成为城市快速扩张的热点地区，其快速的城市化给区域生态环境保护造成了极大压力，尤其是生态环境脆弱的地区，关于其城市扩张影响的研究得到了广泛关注。2015 年联合国提出的“可持续发展目标 11”的宗旨是“建设包容、安全、有复原力和可持续的城市和人类住区”，而位于生态环境脆弱地区的发展中国家城市正是实现该目标的关键区域。泛第三极主要城市位于青藏高原及其周边山区，具有人口基数大和建成区面积广的共同特征，城市位置海拔较高，是地球上生态环境最脆弱的区域，对气候变化反应敏感，更容易受到人类活动的干扰，尤其是快速城市化造成的干扰。2000 年以来该区域经历了快速的城市化，由于缺乏精确的长时间序列高分辨率土地覆盖数据，关于泛第三极主要城市的扩张进程、驱动机制及其影响的研究仍然匮乏，因此，深入探究泛第三极主要城市扩张特征、扩张影响和扩张机制，可以将有价值信息应用到其他相似发展情景下的城市，对于区域城市可持续发展有重要研究意义。

本书选取了泛第三极 14 个主要大型城市（乌鲁木齐、西宁、兰州、达卡、加德满都、勒克瑙、德里、拉合尔、伊斯兰堡、喀布尔、杜尚别、塔什干、比什凯克、阿拉木图)作为研究区,通过深度学习算法和 Google Earth 高分辨率遥感影像研制研究区高精度土地覆盖数据,结合社会经济空间数据,分析了 2000—2017 年泛第三极主要城市扩张机制及其影响,并在此基础上模拟了该区域 2024 年城市扩张情况。本书具体章节安排如下:第 1 章 绪论,介绍研究背景与研究意义,阐述当前研究进展,确定研究内容与研究技术路线;第 2 章 研究区概况以及数据来源,介绍研究区概况、用于城市土地覆盖制图的遥感影像数据源、用于城市扩张驱动机制分析的空间数据来源;第 3 章 泛第三极主要城市土地覆盖数据制备,主要介绍泛第三极主要城市时间序列土地覆盖数据的获取流程,包括原始数据预处理过程、具体分类过程以及分类结果验证过程等;第 4 章 泛第三极主要城市扩张和土地覆盖变化分析,从城市扩张角度具体分析城市扩张速率及城市扩张造成的土地覆盖变化情况,包括城市人造地表变化的时空特征,与城市扩张相关的土地转换特征以及城市扩张造成的社会和生态环境影响等;第 5 章 泛第三极主要城市扩张驱动因子分析,基于人造地表扩张数据、驱动要素数据以及二元逻辑回归模型,定量揭示城市扩张的驱动机制,并识别城市扩张的主导因子;第 6 章 泛第三极主要城市未来扩张模拟,采用稳健的未来土地覆盖模拟模型(FLUS)预测模拟研究区未来城市扩张的空间分布;第 7 章 结论与展望,总结了本书的主要发现,同时提出未来研究计划。

本书撰写分工如下:第 1 章、第 2 章、第 3 章与第 5 章由栾文飞(河南理工大学)撰写,第 4 章、第 6 章和第 7 章由李阁(河南理工大学)、王宇(河南理工大学)和栾文飞共同撰写,河南理工大学的研究生朱静瑶和杨恒丰参与了本书的校对工作,全书由栾文飞统筹修改定稿。

本书的完成离不开众多学者、专家和实践工作者的指导与帮助，同时也得到了许多同行的支持。在此，我们向所有提供支持和帮助的人员表示衷心的感谢。最后，希望本书的研究结果能为泛第三极主要城市未来可持续发展提供有益的参考，同时希望本书的出版能进一步拓展空间数据在城市扩张驱动机制分析领域中的应用。

由于数据获取限制及学术水平等因素的影响，本书中可能有一些问题尚未深入探讨，导致部分研究内容存在不足，望读者见谅。我们衷心希望各位读者和专家能够提出宝贵的意见与建议，帮助我们不断改进和提升研究水平。

著 者

2024 年 11 月

目 录

第1章 绪 论

1.1 选题背景与意义

2000年以来，快速城市化已经成为影响21世纪环境可持续发展的重要挑战之一。虽然城市在地球表层占据比例较小，但城市扩张驱动着全球环境变化[1]。据已有研究统计，城市贡献了超过70%的温室气体排放[2]，城市扩张也造成了超过80%的自然栖息地消失[3-4]。快速的城市扩张带来了诸如热岛效应[5-6]、大气污染[7-8]、生物多样性减少[9-10]、水资源短缺[11-12]等生态环境问题。2018年开始已有超过全球一半(55.3%)的人口在城市中生活。根据联合国数据预测，2050年城市人口将达到62.9亿[13]，且大多数新增城市人口会出现在发展中国家。考虑到发展中国家基础设施薄弱，政府财政对城市建设的支持力度有限，快速的人口增长将给城市建设、城市环境治理和城市管理带来前所未有的挑战。

泛第三极地区包含了青藏高原及其周边的山区，是地球上海拔最高的区域。以青藏高原为中心，其周边500 km缓冲区包括的泛第三极主要城市分布在中国、孟加拉国、尼泊尔、印度、巴基斯坦、阿富汗、塔吉克斯坦、乌兹别克斯坦、吉尔吉斯斯坦、哈萨克斯坦等众多典型发展中国家，预示着该区域极有可能成为城市快速扩张的热点区域。已有城市扩张研究多聚焦在亚洲和非洲，尤其关注中国、印度，以及部分东南亚国家的城市化进程。以上国家和地区在21世纪初人口增长速度快，经济发展迅速，并在此基础上迎来了快速城市化的浪潮，引发了诸多生态环境退化问题，因此得到了众多研究者的关注。与此同时，地处青藏高原及其周边山区的泛第三极城市也经历了快速的城市化。泛第三极城市海拔较高，对气候变化最为敏感，同时也是地球上生态环境最为脆弱的区域[14-15]。由于该区域大型城市分布较为分散，经济发展相对落后，而且缺乏高分辨率高精度时间序列的土地覆盖数据，相对于经济发达城市的热点研究，尽管泛第三极区域的快速城市化会造成更严重的生态环境影响，但是目前依然缺乏对泛第三极城市化的完整研究。2000年以来，该区域成立了诸如欧亚经济共同体(Eurasian Economic Community,EurAsEC)，上海合作组织(Shanghai Cooperation Organization,SCO)以及"一带一路"倡议(The Belt and Road Initiative,BRI)等区域经济发展合作组织。这些组织更进一步加强了区域内部之间的联系，促进了经济社会发展，同时也在一定程度上加速了区域城市化进程。联合国《世界城市化展望2018》(United Nations World Urbanization Prospects 2018,WUP)指出，预计到2030年人口排名前十的城市中，泛第三极城市德里和达卡分别位列第一和第四位[16]。城市人口的快速增长必将推动城市的扩张，同时消耗更多的自然资源，造成更多的社会环境问题。联合国"可持续发展目标11"的数据表明：2018年中亚和南亚有2.27亿人口居住在贫民窟或者非正规居住区，占据了全球该类人口的22%[17]。位于该区域的泛第三极城市如德里、拉合尔、伊斯兰堡、喀布尔等作为国家或者区域经济中心，吸引农业剩余劳动力的能力较强。由于城市无法及时为短期内大量涌入的人口提供良好的居住环境，因此产生了无秩序的城市扩张，造成了比较严重的贫民窟问题。这些无序扩张一般基于耕地和林地的转换，通常会带来负面的生态环境影响[18]。虽然城市化是发展中国家寻求经济发展和社会进步的有效手段，但快速的城市化带来的社会和自然环境问题显然不利于联合国城市可持续发展目标(建设包容、安全、有复原力和可持续的城市和人类住区)的实现。

在城市化进程加速和追求生态环境效益的可持续发展背景下，泛第三极城市在不断扩张的同时，更需要综合考虑城市环境与周边环境的和谐发展。泛第三极地区是对全球气候变化最敏感的区域，除了常见的城市化问题外，泛第三极城市也需要采取足够有效的发展策略去应对气候变化。为实现可持续发展目标，泛第三极城市应借助精确的时间序列土地覆盖数据，在充分理解过去发展问题的基础上，汲取以往相关城市的发展经验，合理预测未来发展趋势，并结合城市特点探索城市扩张与生态环境保护协调发展的综合策略。

1.2 国内外研究现状及其评述

1.2.1 城市土地覆盖分类方法

土地覆盖分类是监测地球表层环境变化的重要手段。随着多尺度、多时相、多分辨率遥感数据的获取，使用遥感数据解译土地分类已成为土地覆盖变化研究的主要方法。遥感传感器通过探测地物的电磁波或者地物反射特征可以获取相应的光谱反射曲线，进而识别地物。在城市建设用地变化研究中，城市专题数据提供了重要支撑。传统的分类方法多采用光谱分解进行地物分类，并在此基础上衍生了大量算法。

区域尺度上，Lu 等[19]利用 Landsat 影像以及人口密度数据，通过线性光谱混合分解方法提取了美国印第安纳波利斯的城市不透水面，并识别了低、中、高、非常高密度住宅区、商业区、工业区以及交通用地，总体精度达到了 83.78%，有效区分了城市内部不透水面的组成。Pan 等[20]也利用 Landsat 影像生产了中国干旱区城市 2000—2014 年 15 m 分辨率的土地覆盖数据，包括不透水面、植被、裸土、水体等四种分类。该研究结合线性光谱混合分解算法，vegetation-impervious surface-soil(VIS) 模型以及决策树分类器进行分类，取得了 90.37%的总体分类精度，有力支持了干旱区城市土地覆盖变化的研究。尽管总体精度较高，但作者仍然指出干旱区的不透水面容易与裸土和低植被区域混淆造成错分，一定程度上会影响城市建成区的识别精度。

在国家和全球尺度上，Gong 等[21-22]利用 Landsat 影像和夜间灯光(Nighttime Light，NTL)辅助数据在 Google Earth Engine(GEE) 平台研制了中国 1978—2017 年长时间序列地表不透水面产品，总体精度超过 90%，为长时间监测城市面积变化提供了数据支撑。另外，Gong 等[23]也发布了 1985—2018 年 30 m 分辨率的全球人造不透水面数据集(Global Artificial Impervious Areas，GAIA)，平均总体验证精度超过 90%，为全球城市化研究提供了可靠的基础数据。Liu 等[24]利用多种 Landsat 地表反射数据和相关城市不透水面数据提取了全球 1985—2015 年的城市面积数据，平均 Kappa 系数达到 0.57，数据可靠性较高。该研究指出，研究时间段全球城市扩张速率很快，增速是同期相关研究的 4 倍有余，为更准确认知城市扩张历程提供了新的论断和数据支持。

随着遥感数据源的不断免费开放和共享，利用夜间灯光数据估算城市面积也得到了广泛应用。夜间灯光数据能反映夜晚建成区的可见光辐射源，可用来表征人类活动的强度和范围，通过一定手段亦可提取建成区的空间分布。Zhou 等[25]基于聚类分析方法，利用 DMSP/OLS(Defense Meteorological Satellite Program/Operational Linescan System)夜间灯光数据估算了中国和美国城市面积。Pandey(潘迪)等也根据相同数据源，采用支持向量机(Support Vector Machine，SVM)提取了印度 1998—2008 年的城市面积。DMSP/OLS 影像涵盖了 1992—2013 年的夜间灯光数据，虽然 2013 年后停止更新，但是美国 2011 年 11 月发射的极轨卫星(Suomi National Polar-Orbiting Partnership，NPP)搭载的 VIIRS(Visible Infrared Imaging Radiometer Suite)传感器可以提供 2012 年 4 月至目前的灯光数据(NPP-VIIRS)，有效保持了夜间灯光数据的时间连续性，为长时间监测城市面积变化提供了基础数据。然而，DMSP/OLS 和 NPP-VIIRS 由于空间分辨（约 1 km）相对粗糙，有研究人员指出，基于该影像提取的城市面积仅适用于城市群或者省域尺度的研究[26]，识别精度有限，不足以反映城市内部空间结构变化的详细信息。此外，夜间灯光数据的溢出效应会导致观测灯光范围超出建成区实际边界，为准确识别城市建成区范围，不同研究区通常采用不同的阈值来区分建成区和非建成区，最佳阈值的确定往往因地而异，且适用性有限[27-28]。

除了城市专题数据，多分类的土地覆盖产品也包含了城市土地覆盖变化信息。中国国家基础地理信息中心组织生产的 GlobeLand30 是目前全球尺度 30 m 分辨率总体验证精度（80.33%）最高的土地覆盖产品，也是当前研究者使用较多的产品之一，截至 2024 年，该数据集包含了 2000 年、2010 年以及 2020 年三期数据。GlobeLand30 主要采用 Landsat TM/ETM 影像、HJ-1 卫星影像以及相关辅助数据（如高程、Google Earth 高分影像、专题数据等），提出了基于“像元-对象-知识”的分类方法。该方法综合了像元法分类、对象化过滤以及人机交互检查等流程，虽然可以显著改善分类结果，但是需要耗费大量的人力物力，其分类效率相对较低。欧洲航天局发布的 300 m 分辨率 CCI-LC 逐年数据涵盖了 1992—2015 年全球土地覆盖情况，以 2010 年为例，其总体验证精度达到 75.38%[29]。该产品使用基于光谱和时空分析的机器学习算法进行非监督分类，分类流程缺少人工校正，因此相对于 GlobeLand30，其总体分类精度偏低。此外，Sulla-Menashe 等[30]借助中分辨率成像光谱仪（Moderate-resolution Imaging Spectroradiometer，MODIS）研制的 MCD12Q1 产品也得到了广泛应用，该产品最新发布的数据已经更新到 2019 年，包含了 2001 年以来的逐年数据，其空间分辨率为 500 m，适合大范围尺度的城市扩张研究。

虽然已有产品基本上可以满足大部分区域的城市扩张研究，但并非适合所有的研究区。已有研究表明，目前在干旱区仍然缺乏较高精度的土地覆盖数据[31-33]，主要原因在于裸土与人造地表的光谱反射特性相近，基于光谱分解的分类方法不易有效区分两者的差异，从而产生了干旱区城市的建成区识别精度较低的问题。然而，干旱区的构成包括大量的裸土与低植被区域，裸土和低植被区域与人造地表的混淆错分将显著影响城市扩张识别的准确度。考虑泛第三极主要城市多位于干旱-半干旱区域，为精确识别城市扩张状况，需要采用更有效的方法进行土地覆盖分类。

1.2.2 深度学习在土地覆盖分类中的应用

随着地球大数据时代的到来，高分辨率遥感影像正在逐步向公众开放。结合计算机科学技术的巨大进步，基于高分影像的深度学习算法在土地覆盖分类中已经得到了广泛应用。作为机器学习的分支，深度学习的出现极大促进了人工智能、图像识别、信号识别等研究的发展[34]。在遥感图像分类领域，深度学习往往能得到超高精度的分类结果[35]。相对于传统的机器学习算法，深度学习具有较深的特征提取层，可以有效挖掘和提取数据中更高层次的特征信息，进而达到高准确率识别目标的目的。现有研究中，Kampffmeyer 等[36]利用卷积神经网络(Convolutional Neural Network，CNN)和高分辨率遥感影像识别了德国斯图加特的建成区，其总体精度可达 87%。Huang 等[37]使用 WorldView 数据和半迁移深度卷积网络对香港和深圳部分区域的土地覆盖进行了分类，该研究强调分类结果用来辅助城市规划，土地覆盖类型包括商业用地、港口、高密度住宅区、低密度住宅区、道路等。两个研究区总体分类精度均超过 80%，良好的分类结果和细致的分类体系可以为城市规划提供有价值的信息，方法的高效率也大量减少了人力物力的消耗，为未来城市规划调查提供了新的思路。Xu 等[38]利用带标签的实地照片作为训练样本，采用 GoogleNet Inception V3 作为训练网络，构建了土地覆盖自动分类系统，并取得了令人满意的分类效果。

深度学习算法可以显著提升土地分类精度，根本原因在于其特征提取过程建立在大量样本筛选和训练的基础上，然而筛选样本工作量很大，同时训练样本对计算机等硬件的计算性能要求较高，针对国家或者全球尺度的研究需要借助于更高效的技术和计算平台。He 等[39]基于全卷积网络(Fully Convolutional Network，FCN)和 MODIS 数据样本，结合夜间灯光数据、归一化植被指数(Normalized Difference Vegetation Index，NDVI)及陆表温度(Land Surface Temperature，LST)数据提取了全球 1992—2016 年城市面积，该研究利用多源遥感数据融合提取了城市特征，解决了样本数据不足的问题。Parente 等[40]提出结合深度学习算法与计算平台进行土地覆盖分类研究，并指出遥感大数据制图是下一代遥感制图的方向。作者选取巴西中部 18 000 km^2 的研究区，结合 GEE 云计算平台和多源遥感数据，综合对比了深度学习算法和随机森林算法识别牧草地的精度，结果表明，深度学习算法在大尺度研究中仍然可以取得更好的识别效果。Dong 等[41]采用高分辨率(3 m)遥感影像作为训练样本，使用改进的卷积神经网络算法将中国地区 10 m 分辨率产品降尺度至 3 m 分辨率，在优化产品空间分辨率的同时，将总体分类精度提升至 86.34%。而且，分类流程不需要人工干预，拓展了深度学习在大范围土地覆盖分类中的研究。

综上所述，深度学习算法在提高土地覆盖分类效率的同时，也大大提升了分类精度，适合复杂地表的分类。大量研究证明，在训练样本和计算资源充足的情况下，深度学习可以很好地完成大尺度土地覆盖分类任务。城市内部人造地表种类丰富(交通用地、商业用地、居住区等),不同颜色的表面和不同建筑材料使得人造地表反射率覆盖范围较大,增加了其识别难度。鉴于深度学习在复杂地表分类的优势,本书采用深度卷积神经网络对泛第三极主要城市的土地覆盖进行分类。

1.2.3 城市扩张驱动因子研究

城市扩张是基于人口、社会、经济、自然环境等众多因素驱动的复杂过程[42],准确识别城市扩张的主导因子可以厘清城市发展与驱动因子之间的关系,为城市未来健康发展提供有价值信息[43-45]。当前研究选取了不同的驱动因子,根据统计数据采用景观指数法[46]、主成分分析法[47]、灰色关联度模型[48]、多元回归分析[49]等方法定量分析了驱动因子与城市扩张之间的关系。例如,Fang等[50]根据土地覆盖产品以及相关的自然社会经济统计数据,分析了中国1990—2005年城市扩张的规律,并利用景观指数分析了中国各区域发展的差异,同时识别了每个区域城市扩张的主导驱动因子。Ma等[51]利用Landsat影像提取了广州市1979—2002年建成区面积,并采用线性回归方法拟合了城市扩张与自然要素、人口、GDP、居民收入、城市基础设施完善程度之间的关系,指出人口和GDP增长、城市交通设施完善、居民收入等影响因子共同促进了广州市建成区快速扩张。Chen等[52]综合遥感数据和政府官方统计数据,使用同心梯度分析方法分析了南京市1996—2013年城市扩张速率,通过回归分析发现城市扩张与非农业人口增加、国外直接投资及第三产业产值高度相关。以上方法通常基于统计年鉴数据进行分析,然而泛第三极主要城市分别隶属于10个不同的国家,由于年鉴数据的统计口径不一致、数据的连续性和可获得性有限,所以研究的时间序列和分析结果会受到一定程度的影响。另外,统计数据一般选择城市行政边界为统计单元,以人均收入为例,该指标反映了城市整体的人均收入水平,但是不能从空间角度反映城市内部人均收入的差异。综上分析可知,上述方法仅仅以城市行政边界为研究对象,无法从空间角度去分析城市内部驱动因子对建成区与非建成区的影响差异。鉴于此,研究人员尝试了利用空间分析模型来定量识别驱动因子的重要性程度。Maimaitijiang等[53]利用基于像元的局部地理加权回归和最小二乘法发现,1972—2010年美国圣路易斯大都会区的城市面积变化与人口密度呈总体正相关关系。该研究采用的土地覆盖数据和社会经济数据均为带空间信息的栅格数据,可以解决统计数据无法在城市内部探究城市扩张的问题,但该研究选取的驱动因子较少,未能综合分析多要素对城市扩张的影响。Li等[54]根据自然要素、社会经济要素、邻域要素以及土地覆盖和城市规划政策等数据,采用二元逻辑回归分析方法识别了北京市1972—2010年城市扩张的主导因子。Shu 等[55]也采用了类似的研究方法分析了江苏省太仓市城市扩张的驱动因子。这两项研究综合考虑了影响城市扩张的多种要素，虽然一定程度上可以增加分析结果的可靠性，但是其社会经济数据多为类别数据，相对于自然要素数据较粗糙，分析过程中可能会存在一定的偏差。

二元逻辑回归方法可以有效地处理类别变量与各自变量之间的非线性关系，进而定量识别自变量对类别变量的重要性程度。在分析城市扩张的驱动因素时，建成区和非建成区可以看作类别变量，驱动因子则是影响建成区扩张的自变量。一般而言，驱动因子与城市扩张的关系是非线性的，仅仅依靠简单的线性回归方法或者线性加权回归方法不易定量解释驱动因子对城市扩张的重要性程度，二元逻辑回归的非线性分析功能促进了其在城市扩张驱动因子分析领域的应用。此外，二元逻辑回归可以以像元为单位，从空间角度分析城市扩张与驱动因子之间的关系，不仅避免了统计数据不易获取的困难，而且从城市内部更加具体地反映了驱动因子对建成区和非建成区的影响程度。鉴于以上优势，二元逻辑回归方法在识别城市扩张主导因素的研究领域得到了广泛的应用。

1.2.4　城市未来扩张模拟研究

基于驱动要素分析的城市未来扩张模拟可以合理预测城市未来发展趋势，并指示城市扩张的空间分布信息[56]，这些信息有助于决策者合理规划城市未来发展空间，优化城市布局。当前研究采用了多种建模方法模拟和探究城市建成区时空变化，主要包括元胞自动机算法[57-59]、逻辑回归方法[60-61]、基于主体的建模方法[62-63]、元胞自动机-马尔科夫链模型[64-67]、系统动力学模型[68-70]、城市增长边界理论[71-72]及融合的机器学习算法[70,73-74]等。不同模型有不同的功能机制，为城市扩张模拟提供了理论基础。众多模型中，元胞自动机-马尔科夫链模型可以随着时间变化较好地模拟城市空间结构变化，目前得到了最为广泛的应用[64,75]。其中，马尔科夫链可以根据土地覆盖历史数据定量预测城市未来面积增长量，元胞自动机空间运算能力强大，可以联合马尔科夫链计算土地适宜性概率数据进而估计各类土地的空间分布，因此两者的结合成为模拟城市土地覆盖变化的有效工具。为更精确实现城市扩张模拟过程，研究人员融合了多种算法以提升元胞自动机模型估算土地适宜性概率精度。张亦汉等[76]耦合了最大熵值与元胞自动机模型，利用单期土地覆盖数据(GlobeLand30—2000)和相关自然社会经济要素模拟了中国区域 2010 年城市扩张情况，根据 GlobeLand30—2010 数据验证得到模拟整体精度为 92.04%，结果非常接近真实情景。Liu 等[70]提出的未来土地利用模拟(Future Land-Use Simulation，FLUS)模型采用人工神经网络(Artificial neural network，ANN)算法计算了研究区各类用地类型的适宜性分布概率，并基于轮盘赌选择机制增加了土地覆盖转换的不确定性分析，该机制可以有效处理多种土地类型在自然和人类活动影响下发生转换时的不确定性问题，提升模型模拟精度。FLUS 模型综合考虑了人类活动和自然要素对土地覆盖变化的影响，通过模拟可以获取与实际地表覆盖状况比较接近的结果，目前该模型在城市扩张模拟研究领域得到了广泛的应用。综上可知，城市扩张模拟方法经过深入研究，已经形成了相对稳健的模型实现城市扩张模拟预测。精确的模拟结果可以帮助决策者及时发现城市未来土地覆盖变化的风险，制定合理的用地政策。

1.3 泛第三极城市扩张研究的不足

城市化已经成为 21 世纪人类社会可持续发展的重要挑战。作为人类改造地表环境最剧烈的活动之一，城市化进程一般都伴随着自然林地、耕地等流失，进而造成严重的生态环境恶化问题。然而城市化水平又反映了区域社会经济发展水平，没有一个国家不通过城市化就能达到社会进步的目的。因此正确认知城市发展过程中存在的问题和城市未来发展的趋势，可以针对特定发展问题及时制订解决方案，有利于实现城市可持续发展目标。2000 年以来，随着区域和国际经济合作组织的不断建立，位于青藏高原及其周边干旱-半干旱山区的泛第三极城市之间联系更加紧密，进一步促进了区域快速的城市化进程，由于海拔较高且对气候变化敏感，所以该区域快速的城市扩张更容易驱动局地气候环境变化，进而更广泛地影响发源于青藏高原河流的中下游居民。近年来，国内外学者在第三极区域开展了大量的关于冰川消融、气候变化和陆表水文过程变化等自然过程的研究，并取得了瞩目的成果，然而该区域快速的城市化及其影响的问题却鲜有探讨，考虑到研究区城市扩张对第三极区域及其周边会造成深刻而广泛的影响，本书探讨分析了泛第三极 14 个主要城市扩张对生态环境的影响。根据当前研究进展，在研究过程中总结了以下问题和不足。

(1) 泛第三极城市扩张需要更多的关注

相对于城市化进程显著和经济发展迅速的东亚和东南亚地区，泛第三极主要的大城市分布相对分散，缺少大型城市群，当前研究热度不足。本书选取的城市均位于高海拔的青藏高原周边，且属于发展中国家。过去的几十年里该区域快速的城市扩张已经严重影响了当地脆弱的生态环境，由于经济发展相对落后，大型城市空间分布比较分散，所以该区域城市化问题得到的关注比较有限。值得注意的是，这些城市人口增速较快，在未来的数十年中城市规模会继续扩大，如果缺乏合理的约束机制，城市化问题会进一步突出，不利于区域城市可持续发展。因此泛第三极城市扩张值得更多的持续监测和关注。

(2) 泛第三极区域缺少可靠的时间序列土地覆盖产品

城市尺度上干旱-半干旱区域仍缺少高精度高分辨率的土地覆盖数据，虽然泛第三极城市在过去的数十年里扩张迅速，而且部分城市得到了研究人员的关注，并取得了一定的研究结论，但这些研究一般基于本地的测绘数据、统计数据或者城市规划数据，数据获取难度较大，不同城市之间数据质量和统计标准也不尽一致。总体而言，这些现有研究仍属于个例研究，并不能完整地反映泛第三极主要城市扩张情况。准确定量地识别泛第三极城市扩张必须基于统一且可靠的土地覆盖数据，鉴于现有数据精度不足的问题，需要采用更有效的方法和数据研制研究区高精度时间序列的土地覆盖数据集，进而支持泛第三极城市扩张问题分析。

(3) 基于遥感数据在空间尺度上对城市扩张驱动因子的分析还需加强

城市扩张驱动因子分析可揭示城市扩张的主导因素，为城市未来发展把脉。传统的分析方法依赖于统计年鉴数据的使用，而这些数据一般以行政区作为统计单元，不能完全反映驱动因子对城市内部空间差异的影响。随着遥感技术的进步和遥感数据的普及，近些年来产生了带有空间属性的社会经济遥感产品，包括国内生产总值(Gross Domestic Product，GDP)、$PM_{2.5}$等格网数据。城市扩张研究范围一般不同于城市的行政边界，利用这些遥感产品分析驱动因子可改善行政单元的限制，而且在空间上可完成驱动要素与城市扩张位置的“点对点”匹配，支持从空间点位上分析驱动因子对城市不同扩张空间的影响差异。因此加强应用遥感数据分析城市扩张的机制值得进一步研究。

1.4　研究内容与研究技术路线

1.4.1　研究内容

本书的研究内容主要包括以下四个方面：

(1) 泛第三极主要城市土地覆盖分类

本书筛选了泛第三极 14 个人口基数大且发展较快的国家首都或者省会(首府)城市作为研究区，研制城市 30 m 分辨率高精度时间序列(2000/2010/2017)的土地覆盖数据集。所选城市具体分布在中国(乌鲁木齐、西宁、兰州)、孟加拉国(达卡)、尼泊尔(加德满都)、印度(勒克瑙、德里)、巴基斯坦(拉合尔、伊斯兰堡)、阿富汗(喀布尔)、塔吉克斯坦(杜尚别)、乌兹别克斯坦(塔什干)、吉尔吉斯斯坦(比什凯克)和哈萨克斯坦(阿拉木图)。选取 GlobeLand30、MCD12Q1、

Globcover2009 等土地覆盖遥感产品，统一坐标系、分辨率、分类体系后，根据地图对比识别出分类一致区域进行保留，然后采用深度卷积网络 GoogleNet Inception V3，结合高分辨率 Google Earth 影像对产品中分类不一致区域重新分类，融合两类区域可得到最终的分类结果。为保证分类结果的可信度，本书采用目视解译方法，结合混淆矩阵定量验证分类精度。

(2) 泛第三极主要城市扩张结果及其对城市社会生态环境影响分析

根据高精度的土地覆盖数据测定了城市扩张速率，首先分析了 2000—2017 年整个研究时段的城市整体扩张情况，然后着重分析了 2000—2010 年和 2010—2017 年两个时间段内城市扩张情况，同时分析了城市扩张对城市贫民窟人口的影响。另外，利用土地覆盖转移矩阵识别了城市扩张主要占用的土地类型，并在此基础上分析了城市扩张引起的土地覆盖变化对当地生态环境的影响。

(3) 泛第三极主要城市扩张驱动因子分析

通过参考大量的相关研究和文献总结，结合现有数据搜集情况，从社会经济和自然要素方面选取人口、人均国民生产总值、$PM_{2.5}$、海拔、坡度、到主要道路距离、到主要河流距离等七个驱动因子，利用二元逻辑回归模型探究了驱动泛第三极城市扩张的主导因子。根据显著影响和相对显著影响城市的数量，将影响半数及以上城市数量的驱动因子定义为泛第三极主要城市扩张的主导因子，并深入分析了主导因子对城市环境和城市未来发展的影响。

(4) 泛第三极城市未来扩张模拟

根据城市扩张主导因子的识别结果，首先将主导因子作为 FLUS 模型的驱动数据输入，以 FLUS 模型确定的 2010—2017 年主导因子和城市扩张的关系为准则，模拟 2017 年城市扩张的空间分布，并利用 2017 年分类结果验证模型模拟精度；然后基于 2017 年的土地覆盖数据和相关主导因子数据，预测泛第三极城市在 2024 年的扩张情况。

1.4.2 研究技术路线

本书基于现有的相关土地覆盖产品、Google Earth 高分辨率影像、社会经济遥感产品等数据，对 2000 年以来泛第三极主要城市扩张速率和扩张机制进行了分析。本书的研究技术路线如图 1-1 所示。

本书主要包含七个章节。其中，第 1 章主要介绍了研究背景、研究意义以及当前研究存在的问题；第 2 章主要介绍了研究区概况和研究数据的来源，包括土地覆盖数据和驱动因子数据的来源，同时也介绍了驱动因子数据的预处理情况；第 3 章重点描述了利用深度学习方法获取土地覆盖数据的流程，包括数据预处理介绍、卷积神经网络模型的对比、模型选择的原因解释，最后通过目视解译和

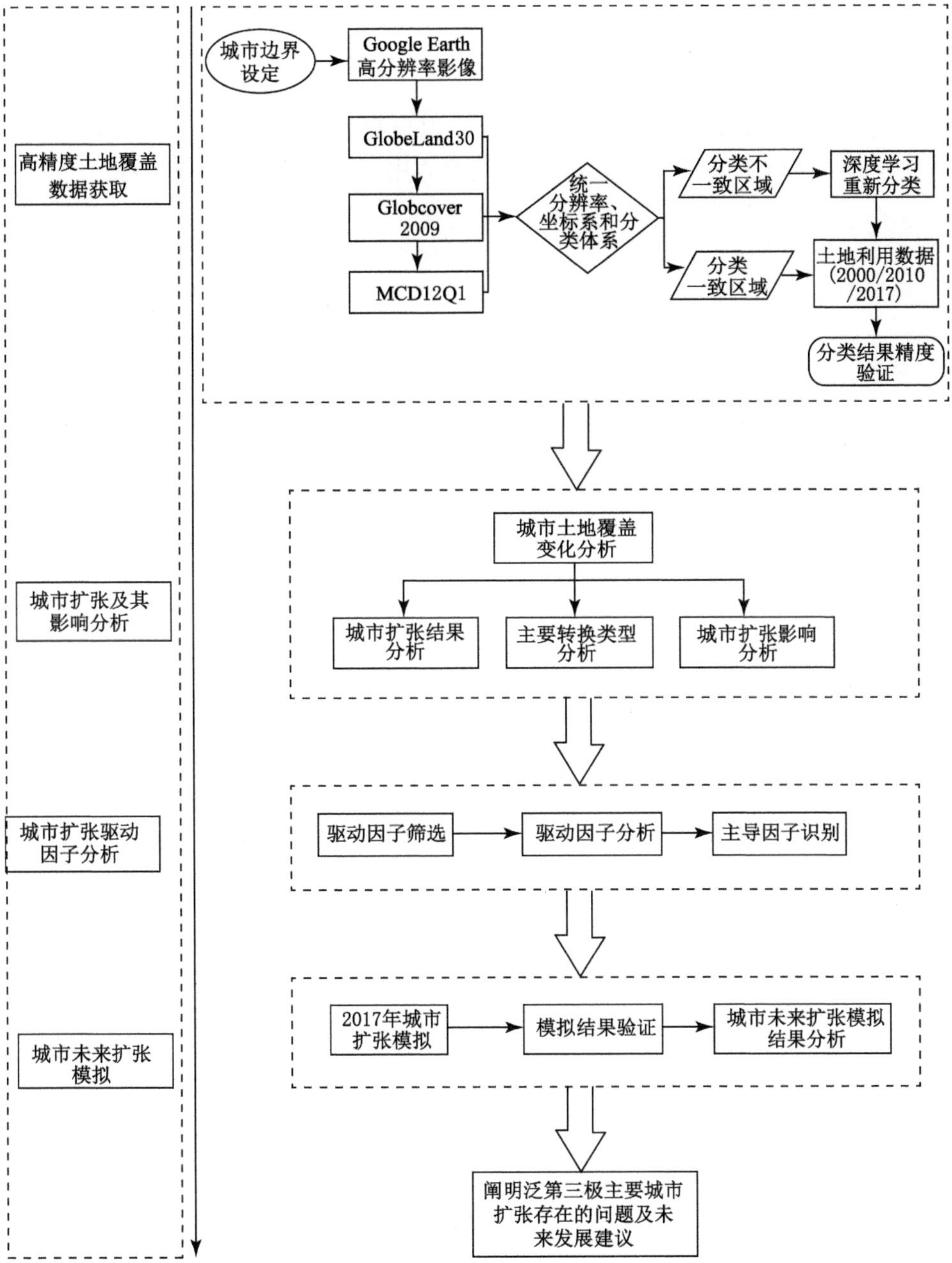
高精度土地覆盖数据获取
城市扩张及其影响分析
城市扩张驱动因子分析
城市未来扩张模拟
城市边界设定
Google Earth 高分辨率影像
GlobeLand30
Globcover 2009
MCD12Q1
统一分辨率、坐标系和分类体系
分类不一致区域
分类一致区域
深度学习重新分类
土地利用数据 (2000/2010/2017)
分类结果精度验证
城市土地覆盖变化分析
城市扩张结果分析
主要转换类型分析
城市扩张影响分析
驱动因子筛选
驱动因子分析
主导因子识别
2017年城市扩张模拟
模拟结果验证
城市未来扩张模拟结果分析
阐明泛第三极主要城市扩张存在的问题及未来发展建议

图 1-1　研究技术路线图

产品对比验证了数据的可靠性；第 4 章根据土地覆盖数据，分别按照 2000—2017 年整体研究时段和 2000—2010 年以及 2010—2017 年两个具体研究时段分析了城市扩张速率以及城市扩张对城市社会和生态环境的影响；第 5 章分析了城市扩张的驱动因子及主导因子对城市社会经济和生态环境发展的影响；第 6 章根据土地覆盖数据及主导因子数据，模拟预测了城市未来扩张的空间分布，同时分析了城市未来扩张的影响；第 7 章是本书的主要研究结论和展望。

第2章 研究区概况以及数据来源

2.1 研究区概况

2.1.1 地理位置与基本自然属性

泛第三极主要城市分布在青藏高原及其周边区域。作为地球上海拔最高的地区,青藏高原平均海拔超过 4 000 m,被称为第三极,是全球气候变化最强烈的地区,同时也是生态环境最为脆弱的地区[14]。此外,青藏高原也是亚洲主要大江大河的发源地,其中长江、黄河、印度河以及恒河等流域包含了大部分亚洲人口。本书选取的 14 个城市分布在青藏高原及其周边 500 km 缓冲区的范围内。这些城市(表 2-1)作为当地的经济或者政治文化中心,具有人口基数和建成区面积较大的共同特征。所选城市全部位于发展中国家,分别分布在中国(乌鲁木齐、西宁、兰州)、孟加拉国(达卡)、尼泊尔(加德满都)、印度(勒克瑙、德里)、巴基斯坦(拉合尔、伊斯兰堡)、阿富汗(喀布尔)、塔吉克斯坦(杜尚别)、乌兹别克斯坦(塔什干)、吉尔吉斯斯坦(比什凯克)和哈萨克斯坦(阿拉木图),2016 年不同城市的建成区面积由 125 km^2到 700 km^2不等,总面积超过 10 000 km^2,这些城市作为区域经济发展中心,在国家或者区域发展中有举足轻重的作用。研究区中这些大型城市环绕在青藏高原周边且多位于流域上游,其中超过一半数量的城市平均海拔在 800 m 以上,在区域城市化进程加速和全球气候变暖的背景下,更容易遭受到与气候变化相关的自然灾害影响。而且,研究区中多数城市属于干旱和半干旱气候,可用水资源量比较紧缺。除了达卡、加德满都和伊斯兰堡外,其他城市年均降雨量都小于 1 000 mm,其中超过一半的城市位于干旱或半干旱地区(年降雨量低于 500 mm)。

表 2-1　泛第三极主要城市基本属性

城市	城市基本属性	气候	年降雨量/mm
乌鲁木齐	区域交通节点	温带大陆性干旱气候	286
西宁	丝绸之路重要城市	大陆性高原半干旱气候	374
兰州	中国西北交通中心	温带大陆性半干旱气候	312
* 达卡	世界最大城市之一	热带草原气候	2 123
* 加德满都	南亚快速发展城市	亚热带湿润气候	1 455
勒克瑙	印度人口最多的城市之一	亚热带湿润气候	917
* 德里	面积世界第二的城市	热带半干旱气候	762
拉合尔	巴基斯坦人口最多的城市	半干旱气候	628
* 伊斯兰堡	巴基斯坦第三大城市	亚热带湿润气候	1 292
* 喀布尔	世界第 75 大城市	半干旱气候	312
* 杜尚别	塔吉克斯坦最大城市	地中海气候	568
* 塔什干	乌兹别克斯坦最大城市	地中海气候	444
* 比什凯克	吉尔吉斯斯坦最大城市	温带大陆性干旱气候	453
阿拉木图	哈萨克斯坦最大城市	大陆性高原半干旱气候	675

注：带有 * 的城市为国家首都，其他城市为省会城市。

2.1.2　人口与社会经济概况

本书所选城市全部属于人口基数大并且发展迅速的国家级和省会级首府城市，这些城市均位于发展中国家。根据 2017 年 LandScan 人口数据统计[77]，所选取的泛第三极主要城市人口分布在 75 万（比什凯克）至 1 847 万（德里）之间（表 2-2），总人口超过 6 260 万。2000 年以来，这些城市的人口呈现逐年增加趋势，部分城市人口甚至出现了爆炸式增长，例如拉合尔在 2000 年人口约为 500 万，2017 年人口超过了 1 000 万，不到 20 年的时间里城市人口翻了一倍多；德里城市人口从 2001 年的 1 300 万增长至 2017 年的 1 800 万，增幅超过 38.4%，在此期间其他城市也经历了类似的人口增长历程。根据联合国亚洲及太平洋经济社会委员会（United Nations Economic and Social Commission for Asia and the Pacific，ESCAP）预测，未来几十年中，亚洲将贡献大部分的全球人口增长，尤其是中亚和南亚地区，这两个区域将占据亚洲 2000—2050 年间 70% 的新增人口，其中超过一半的新增人口将在城市中生活[78]。区域人口的持续增长将继续促进泛第三极主要城市的扩张。

表 2-2　泛第三极主要城市社会经济发展概况

城市	建成区面积/km^2	人口(2017 年)/人	人均 GDP/美元
乌鲁木齐	583(2015)	2 707 455	18 255(2017)
西宁	189(2018)	1 183 423	7 897(2015)
兰州	298(2018)	2 323 361	10 468(2018)
* 达卡	306(2016)	9 514 301	7 712(2019)
* 加德满都	154(2016)	2 244 126	3 318(2019)
勒克瑙	349(2015)	2 660 955	990(2019)
* 德里	700(2015)	18 473 486	5 600(2018)
拉合尔	371(2013)	11 314 646	5 921(2017)
* 伊斯兰堡	220(2017)	2 884 942	1 473(2018)
* 喀布尔	344(2014)	3 254 102	2 095(2019)
* 杜尚别	125(2016)	1 025 229	3 589(2019)
* 塔什干	335(2015)	2 497 900	1 714(2019)
* 比什凯克	170(2017)	750 903	1 116(2019)
阿拉木图	223(2013)	1 807 300	24 019(2019)

注：带有 * 的城市为国家首都，其他城市为省会城市。

虽然近些年来泛第三极主要城市经济发展良好，但当前各城市之间的经济水平仍存在较大差异，根据维基百科统计数据可以发现，勒克瑙作为人均 GDP 最低的城市，2019 年人均 GDP 仍不足 1 000 美元，而同期的阿拉木图人均 GDP 则超过了 24 000 美元，主因是亚洲各经济体之间存在天然的发展梯度差异[79]。尽管如此，这些城市作为当地经济发展的引擎，仍然吸引着大量农业剩余劳动力的涌入，并因此更快地推动了当地经济发展，加速了城市化进程。另外，区域性或者国际性合作组织的建立也以城市发展为中心，为区域经济发展注入了新的动力，进一步增强了城市之间的联系。例如，1996 年建立的中亚区域经济合作促进了中亚各国在交通、能源、贸易政策、贸易便利化等领域的合作;2001 年成立的上海合作组织增强了中国、俄罗斯和部分中亚国家的经济联系;同年成立的博鳌亚洲论坛,其宗旨包括促进亚洲经济一体化,其成员国也包含了研究区大多数城市的所属国家;2013 年由中国提出的"一带一路"倡议不仅促进了区域联系,而且催生了中巴经济走廊、孟中印缅经济走廊等区域经济合作。这些经济合作组织在推动城市发展的同时,一定程度上也可以减弱区域未来经济水平的差异,最终达到均衡发展的目标。

2.2 数据来源

本书使用的数据主要包括两部分,其一是研制泛第三极主要城市土地覆盖数据的基础遥感数据,包括 Google Earth 高分辨率历史影像和一些广泛应用的土地覆盖产品,其中土地覆盖产品包括 GlobeLand30、MCD12Q1、Globcover2009 和 CCI-LC 等;第二部分是识别城市扩张的驱动因子数据,包括自然社会经济类的遥感数据产品和基于自然、基础设施数据要素生成的栅格数据,本书选取的 7 个驱动因子分别是人口、人均国民生产总值、$PM_{2.5}$、海拔、坡度、到主要道路距离、到主要河流距离。

2.2.1 土地覆盖分类数据

现有土地覆盖产品可以在全球尺度上提供长时间序列的土地覆盖信息。尽管不同产品之间分辨率、分类体系以及分类精度不尽相同,但经过一定处理和地图对比,仍然可以识别分类一致的区域,一般而言,多种产品分类一致的区域往往是分类结果可信度较高的区域。因此,在泛第三极主要城市土地覆盖分类时,选择广泛应用的土地覆盖产品,通过地图对比保留分类可靠的区域,可避免重复工作以提升分类效率。

本书选取 2000/2010/2017 年为时间节点来分析泛第三极主要城市扩张情况,筛选了以下 4 种常用的遥感产品辅助土地覆盖分类。

(1) 中国国家基础地理信息中心发布的 GlobeLand30[80],目前包括 2000 年、2010 年和 2020 年三期数据,该 30 m 分辨率产品包含了耕地、森林、草地、灌木地、苔原、水体、湿地、人造地表、裸地、冰川和永久积雪等 10 种地类。

(2) 基于中分辨率成像光谱仪(Moderate Resolution Imaging Spectroradiometer,MODIS)光谱和时间特征生成的逐年土地覆盖产品 MCD12Q1-1[81],数据空间分辨率为 500 m。MCD12Q1 包括 5 种土地覆盖类型分类方案:① 基于国际地圈生物圈计划(International Geosphere-Biosphere Programme,IGBP)提

出的分类方案；② 基于美国马里兰大学（University of Maryland，UMD）构建的土地覆盖分类方案；③ 基于 MODIS 提取的叶面积指数（Leaf Area Index，LAI）的分类方案；④ 基于地表生态系统模型 BIOME-Biogeochemical Cycles（BIOME-BGC）的分类方案；⑤ 基于植物功能类型（Plant Functional Types，PFT）的分类方案。本书选取的 MCD12Q1-1 采用 IGBP 提出的分类体系将全球地表分为自然和人类开发的 17 种地类。

（3）欧洲航天局发布的 1992—2015 年 300 m 分辨率土地覆盖产品[82]（Climate Change Initiative Land Cover，CCI-LC），数据集包括 22 种地类，采用联合国粮农组织（Food and Agriculture Organization of the United Nations，FAO）建议的分类体系（Land Cover Classification System，LCCS）。

（4）欧洲航天局发布的 300 m 分辨率 Globcover2009 产品[83]，数据集采用了与 CCI-LC 相同的分类体系。

针对分类不一致区域，本书采用深度学习算法进行土地覆盖分类，分类数据选用 2000/2020/2017 年 Google Earth 高分辨率（0.6 m）历史影像，该影像包括红绿蓝（RGB）三个波段，可通过 http://www.rivermap.cn/网站下载获取。

2.2.2 驱动因子数据

城市扩张是由社会、经济、自然环境等多种要素驱动的复杂过程，从这些复杂要素中识别出城市扩张的主导因子需要构建合理的驱动要素数据集。为从空间角度具体分析城市扩张与驱动因子之间的关系，本书基于大量的文献总结和相关遥感数据的搜集，选取了 7 个驱动因子来分析泛第三极城市扩张的原因和机制，包括人口、人均国民生产总值、$PM_{2.5}$、海拔、坡度、到主要道路距离、到主要河流距离。其中人口、人均国民生产总值是多数研究中采用的社会经济要素，一般而言，城市人口增长和经济发展是促进城市扩张的根本原因，人口的增长直接促进城市建筑物和基础设施的建设，导致城市面积扩张，经济的发展会吸引更多的人口涌入城市，进一步促进城市扩张，因此本书选择了人口和人均国民生产总值分析泛第三极主要城市扩张机制。多数研究表明，$PM_{2.5}$可以反映城市经济发展水平以及工业化水平[84-86]，而城市经济发展水平和工业化程度与城市扩张有密不可分的关系，因此本书选用 $PM_{2.5}$来衡量城市经济和工业发展水平与城市扩张之间的关系，一定程度上可以反映出城市经济发展水平和第二产业对城市扩张的影响，由于缺乏直接的遥感数据反映该影响，本书将 $PM_{2.5}$ 数据作为一个综合要素分析该影响与城市扩张之间的关系。到主要道路距离反映城市基础设施建设对城市发展的影响，由于道路具有为城市发展提供人员流动和物资运输服务的功能，其空间分布对城市扩张有重要影响，因此，选择到主要道路距离因子分析研究区城市扩张的驱动机制。除了上述的社会经济驱动要素，海拔、坡度以及到主要河流距离属于对城市发展有直接影响的自然要素，这些要素有可能从根本上决定城市扩张发生的位置，对于城市扩张分析有重要意义，因此，这 3 个自然要素也纳入泛第三极主要城市扩张驱动因子分析的要素中。以上所有驱动因子数据均为带有空间地理位置信息的栅格数据。

其中，人口数据源自 LandScan 全球人口动态统计分析数据库[87]。LandScan 运用遥感和地理信息系统（Geographic Information System，GIS），基于全球人口数据发布社会标准和地理位置构建了最佳分辨率和具有分布模型的全球人口统计数据库。目前数据库提供了 2000—2018 年逐年人口数据，本书按照驱动因子分析模型需求和研究时段（2000—2010 年与 2010—2017 年）分别下载了 2010 年和 2017 年人口格网数据。

全球尺度上，当前公开发布的时间序列的人均国民生产总值格网数据较少，本书选取了其中分辨率较高的产品来支持驱动因子分析。2010 年数据通过联合国环境规划署（United Nations Environment Programme，UNEP）发布的 Gross Domestic Product 2010 提取得到，产品分辨率约为 1 km。目前关于 2017 年人均国民生产总值的格网数据仍然缺乏，因此根据数据搜集结果选取了年份相近的数据进行代替。本书从 Kummu 等[88]在《自然 · 科学数据》发布的数据集中提取了 2015 年 1 km 分辨率的人均国民生产总值，填补了数据空白。

海拔数据由航天飞机雷达地形测绘任务（Shuttle Radar Topography Mission，SRTM）提取得到。SRTM 是由美国航空航天局（National Aeronautics and Space Administration，NASA）主导完成的，其雷达影像覆盖了全球 80％以上的陆表，包括 30 m 和 90 m 两种分辨率较高的数据[89]，其中 90 m 数据可以免费下载，因此本书根据 90 m SRTM 数据提取了泛第三极主要城市的海拔高度。坡度数据可利用海拔数据和 ArcGIS 空间分析工具计算获取。

$PM_{2.5}$格网数据源自 NASA 社会经济数据应用中心数据库[90-91]（Socioeconomic Data and Application Center），包括 1998—2016 年逐年栅格数据，可通过链接 https://sedac.ciesin.columbia.edu/data/set/sdei-global-annual-gwr-pm2-5-modismisr seawifs-aod/data-download 下载。研究人员基于地理加权回归（Geographically weighted regression，GWR）方法和 MODIS 影像、多角度成像光谱辐射计（Multi-angle Imaging SpectroRadiometer，MISR）数据、宽视场海洋观测传感器（Viewing Wide Field-of-View Sensor，SeaWiFS）数据提供了全球

0.01°$PM_{2.5}$格网数据集。与人均 GDP 数据类似，由于选择的 $PM_{2.5}$ 产品未涵盖 2017 年数据，所以本书提取 2016 年数据进行替代。

到主要河流距离可通过 ArcGIS 欧氏距离分析工具和河网数据提取。欧氏距离分析工具输出的栅格记录了像元到最近河流的距离。河网数据通过美国地质勘探局(United States Geological Survey，USGS)水文数据[92-93](Hydrological ata and maps based on Shuttle Elevation Derivatives at multiple Sales，HydroSHEDS)获取。HydroSHEDS 包含了全球流域[93](HydroBASINS)、河流[94](HydroRIVERS)、湖泊[95](HydroLAKES)、水文环境[96](HydroATLAS)、河流分级[97](Global River Classification，GloRiC)数据。本书选取的河网数据源自 HydroRIVERS，该数据根据流向格网、上游集水区、长期河流平均流量等数据提取得到，在全球范围内具有较好的代表性和较高的精度。

到主要道路距离的提取过程类似于到主要河流距离的提取，该过程基于 ArcGIS 欧氏距离分析工具和路网数据完成。路网数据由 Open Street Map[98](OSM)开源数据提取获得。OSM 是一个基于知识集群、用户可编辑并可以免费获取的地图服务数据库，数据源来自 GPS 设备、航空影像以及带有定位系统的移动设备等。随着智能手机等移动设备的普及，越来越多的用户为 OSM 提供了更加丰富的数据。本书通过 OSM 提取了泛第三极主要城市 2017 年路网数据，并筛选出其中的主要道路以及连接外部的高速公路与铁路线。2010 年路网数据则是在 2017 年数据的基础上，参照 2010 年高分辨率 Google Earth 影像，剔除 2017 年新建的路网之后获取。

2.3　本章小结

本章主要介绍了研究区概况以及本书数据的来源。首先从地理位置和社会经济角度介绍了研究区 14 个城市的基本背景，分别叙述了泛第三极主要城市的自然属性以及相关的社会经济发展水平，为下一步的深入分析做好铺垫。数据源介绍包括土地覆盖分类需要的原始数据、驱动因子分析需要的遥感数据。其中土地覆盖分类数据为城市土地类型识别和城市土地覆盖变化提供了基础支撑，具有空间信息的驱动因子数据有助于准确识别城市扩张主导要素，可从空间角度更精确和定量地识别不同驱动因子对城市扩张的影响程度。

第3章　泛第三极主要城市土地覆盖数据制备

本章主要介绍泛第三极主要城市时间序列土地覆盖数据的获取流程。包括原始数据预处理过程、具体分类过程以及分类结果验证过程等。原始数据预处理主要包含相关土地覆盖产品的分类一致区域识别和高分辨率 Google Earth 影像的下载和分割处理。为达到高精度分类的目的，分类过程保留了现有产品分类一致的区域，并采用当前可靠的分类方法——深度学习算法对分类不一致区域重新分类。为保证分类结果的可靠性，本书设置了高密度的目视解译点（每年约 4 000 个）分别验证 2000/2010/2017 年泛第三极主要城市土地覆盖分类结果。另外，本章也简单分析了分类结果，并通过与 GlobeLand30 产品对比，定量评价了干旱区城市土地覆盖分类精度的提升效果。

3.1　土地分类数据预处理

3.1.1　城市边界的确定

城市边界可根据全球行政区划数据库（Database of Global Administrative Areas，GADM）进行识别，该数据库提供了全球各个国家的行政区划矢量数据，每个城市的边界可以从其所属的国家数据中提取。然而在城市扩张的研究中，研究范围一般稍大于城市的行政区划边界，因此在 GADM 划定矢量边界的基础上，本书增加了城市周边 500 m 的缓冲区域。由于 Google Earth 高分辨率历史影像不能提供覆盖全球所有区域的高分辨率数据，尤其在较早的 2000 年，少数城市的影像覆盖范围较 2010 年和 2017 年有所缺失。为保证在统一尺度上分析泛第三极主要城市的扩张情况，本书按照各城市 2000 年 Google Earth 影像覆盖范围重新裁剪了数据不足城市的边界，并以此边界作为标准来研究分析泛第三极城市扩张问题。尽管部分城市的研究范围未完全涵盖整个城市的行政边界，但多数城市的边界是完整的，而且最终设置的研究范围包含了城市的主要建成区。本书关注的核心问题是城市扩张范围，从空间角度来看，多数情况下城市扩张空间小于城市行政边界。虽然部分城市边界小范围缺失，但是其分布位置并非城市扩张的核心区域，建成区变化相对较小，不会影响城市整体扩张的研究结果。因此，本书设定的城市范围，可以满足城市扩张分析的研究目标。

3.1.2　辅助数据的预处理

已有的全球土地覆盖产品生产通常基于成熟的分类方法和严谨的理论框架流程，在全球尺度上可提供令人满意的分类结果。但是由于全球制图存在着制图范围广、原始数据不尽相同、分类方法多样、分类体系多的现象[99]，即便同一种产品在不同区域、不同地类之间分类精度也存在着差异[100]。尽管如此，通过一定的数据预处理和地图对比分析，仍可以确定分类结果比较可靠的区域。因此，本书综合参考多种产品，通过统一分类体系和地图对比识别出各类产品分类一致的区域作为分类可靠的数据[101]，在一定程度上可避免重复工作，减少泛第三极主要城市土地覆盖分类的工作量。

本书选取了四种应用广泛的土地覆盖产品（表 3-1）辅助泛第三极主要城市土地覆盖分类工作。各产品之间存在着空间分辨率、分类体系以及分类精度不一致的问题。已有研究表明，通过合理的归类方法可将不同分类体系下的产品在统一的新分类系统中进行对比分析[102-104]。考虑到城市扩张研究不需要十分复杂的分类体系，本书参考 Tsendbazar 等[105]的研究工作，将泛第三极主要城市土地类型分为植被、耕地、人造地表、水体和其他。其中，植被融合了森林、灌木地以及草地等地类；耕地、人造地表和水体按照参考的研究工作进行定义。由于植被、耕地和人造地表在城市中占据较大的比例，其余地类面积较小，为方便讨论城市扩张引起的主要土地类型转换，本书将植被覆盖率较低的地类以及冰川积雪覆盖区统一定义为其他。各分类体系下具体土地类别的名称较长且种类较多，由于篇幅限制，表 3-1 仅列出各地类编号，具体类别名称可参考 2.2.1 小节的数据介绍文献[80-83]。

本书所选的土地覆盖产品空间分辨率从 30～500 m 不等。为在统一尺度下进行地图对比，本书利用 ArcGIS 重采样工具将所有数据统一重采样至空间分辨率 300 m。采样方法选择最邻近内插法。参考 GlobeLand30 采用的 WGS84 坐标系统和通用横轴墨卡托投影（Universal Transverse Mercator，UTM），将其他产品数据转换至与 GlobeLand30 相同的坐标系统和投影。

表 3-1　泛第三极主要城市土地覆盖类型定义

土地类型	GlobeLand30	MCD12Q1-1	CCI-LC	Globcover2009	类别定义
植被	20,30,40,50	1,2,3,4,5,6,7,8,9,10,11	50，60，61，62，70，71，72，80，81，82，90，100，110，120，121，122，130，140，160，170，180	40，50，60，70，80，90，100，110，120，130，140，160，170，180	森林、灌木、天然草地覆盖率不低于10%的土地
耕地	10	12,14	10，11，12，20，30，40	11，14，20，30	农作物占总面积40%以上的土地
人造地表	80	13	190	190	被建筑物、道路等人造建筑物覆盖的土地（公园、人造绿地和人工湖除外）
水体	60	0	210	210	位于陆表的水面区域
其他	70，90，100	15，16	150，152，153，200，201，202，220	150，200，220	永久积雪、冰川、冰盖覆盖区域或植被覆盖率低于10%的区域

3.1.3　产品分类可靠区域的识别

在统一的坐标系、投影、分辨率和分类体系下，利用 ENVI＋IDL 工具识别出四种土地覆盖产品分类一致的区域。其中，根据所选产品的覆盖时间，2000年地图对比使用该年度的数据产品 GlobeLand30—2000、MCD12Q1-1—2001 以及 CCI-LC—2000。MCD12Q1-1 产品覆盖时间包括 2001—2018 年，考虑到地表覆盖状况在短期内不可能发生较大的变化，本书选用 2001 年的数据填补 2000 年的数据不足。类似地，本书在对比 2010 年土地覆盖产品时增加了年份相近的 Globcover2009 数据，同时对比的产品还包括 GlobeLand30—2010、MCD12Q1-1—2010 以及 CCI-LC—2010。

针对 2000 年数据，本书首先对比了 GlobeLand30—2000 与 MCD12Q1-1—2001 产品，保留其中分类一致的区域，进而将上述步骤中分类一致的区域与 CCI-LC—2000 再次进行对比，剔除分类不一致区域即可识别出三种产品分类一致的区域。以上流程均在 ENVI-IDL 程序中处理，程序可以根据空间位置逐像元匹配各种产品，然后根据像元值区分出分类一致的区域。针对 2010 年数据，本书采用了同样的处理手段，首先通过地图对比判定 GlobeLand30—2010 与 MCD12Q1-1—2010 产品中分类一致的区域，在此基础上再与 CCI-LC—2010 对比提取出三种产品分类一致的像元，最后将该部分像元与 Globcover2009 对比，识别出在四种数据中分类一致的区域。

3.2　深度学习分类算法回顾

本书采用深度学习算法对分类不一致区域重新分类，本节综合回顾了深度学习在土地覆盖分类研究中的进展。首先具体介绍了深度学习广泛采用的卷积神经网络模型，从模型结构和各层功能解释了卷积神经网络如何实现土地覆盖分类。然后整体回顾了卷积神经网络的发展历程，并对比了其中常用的训练网络模型。

3.2.1　CNN 结构介绍

近年来，机器学习方法已经广泛地应用到了遥感影像分类研究中，土地覆盖分类是遥感影像分类研究的重要组成部分，多数研究人员采用不同的机器学习算法实现了高精度识别土地类型的研究目标。深度学习作为机器学习的重要分支，其深层次的框架结构比传统方法提取了更丰富的地类信息，有助于获得更高精度的分类结果，因此，深度学习算法在近期成为土地覆盖分类研究领域的热点[106-107]。目前，卷积神经网络(Convolutional Neural Networks，CNN)在深度学习中应用最广泛，CNN 在影像分类工作中表现优良，而且具备较强的鲁棒性。CNN 适合高分辨率遥感影像[108]和高光谱影像[109]的分类，这是因为两种影像均蕴含了丰富的特征信息，CNN 通过其强大的学习能力能够提取影像深层次特征，进而达到精确识别地类的目的。本书采用高分辨率遥感影像开展土地覆盖分类研究工作。

CNN 因生物视觉认知的启发而发明[110]。如图 3-1 所示，经典的 CNN 网络结构一般包括输入层、卷积层、池化层、全连接层和输出层[111]。在遥感图像分类应用中，输入层一般指的是需要分类的原始遥感影像；卷积层通过卷积运算可以识别和提取图像特征；池化层采用下采样方法压缩卷积层输出的特征图层，进而达到保留主要特征、缩减特征维度的目的;全连接层一般位于CNN末端,该层的所有节点与上一层所有节点连接,进而拟合前层提取的所有局部图像特征形成完整的图像特征;输出层利用全连接层提供的图像特征以及相应的分类函数,输出最终的分类结果。

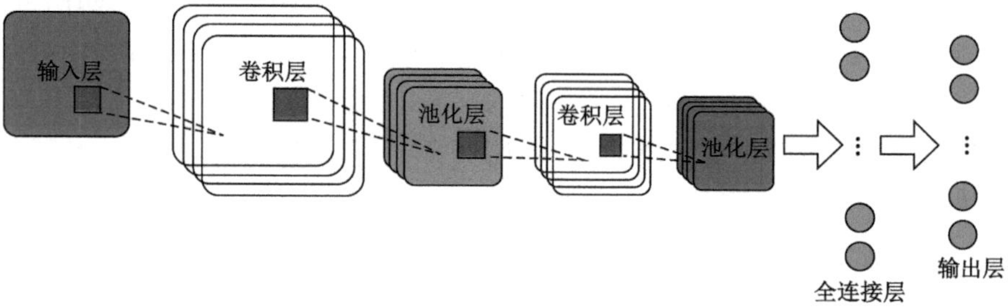

图3-1 经典CNN网络基本结构

具体而言,卷积层通过卷积操作提取多种图像局部特征。在CNN中,前层网络经过卷积运算可得到特征图层(Feature map)。浅层的特征图层包括了图像轮廓、角点等浅层特征。这些特征作为下一层网络的输入数据,为更深层次的特征提取提供了基础。经过不同的卷积核层层深入运算,更加抽象的深度图像特征也将被提取出来。

池化层的设计目的是减少卷积层提供的冗余参数,进一步提高模型的计算效率,因此池化层一般设置在卷积层之后。池化操作是对卷积特征的概括和压缩,具有平移不变的特性,可以提升CNN网络模型的鲁棒性。常用的池化方法包括平均值池化(Average Pooling)与最大值池化(Max Pooling)。两种池化方法如图3-2所示。

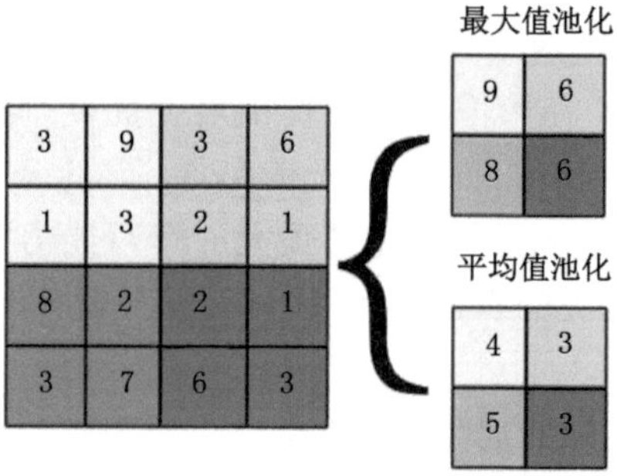

图3-2 最大值池化与平均值池化示意图

与卷积层和池化层提取局部图像特征不同，全连接层中每个节点与上一层所有节点都连接，因此全连接层包含了网络中最多的参数。全连接层一般采用线性整流函数(Rectified Linear Unit，ReLU)连接各节点，ReLU 采用公式(3-1)表达。ReLU 激励函数可以提高网络的非线性和网络的表达能力。最终全连接层可把前层提取的多维特征转化成一维特征向量，最后一个全连接层将输出值传递给输出层进行分类。

$$f(x)=\max(0,x) \tag{3-1}$$

针对图像分类问题，CNN 输出层常采用 SoftMax 逻辑回归函数进行分类。SoftMax 适用于土地覆盖多分类问题，该函数输出的是图像属于某个分类标签的概率，采用公式(3-2)表达。

$$P_i=\frac{e^{V_i}}{\sum_{i=1}^{K} e^{V_i}} \tag{3-2}$$

式中　V_i——前层单元的输出值；

i——类别；

K——分类标签数量；

P_i——分类结果属于第 i 类的概率。

3.2.2　深度学习分类研究的进展回顾

常用的 CNN 网络包括 AlexNet、Visual Geometry Group Network(VGG-Net)、Deep residual network (ResNet)、Dense Convolutional Network (DenseNet)、Inception 等。早期的 CNN 网络可追溯至 Lecun 等[112-114]提出的 LeNet。作为最早的 CNN 之一，LeNet 推动了深度学习的发展。然而由于当时硬件设施有限，缺少可进行高性能计算的中央处理器(Central Processing Unit，CPU)帮助训练，深度学习算法发展缓慢。

随着计算机技术的进步和高性能计算机的问世，由 Alex Krizhevsky 设计，Ilya Sutskever、Geoffrey Hinton 合作完成的 AlexNet 开启了深度学习研究的新篇章。在 2012 年 9 月 30 日举办的 ImageNet 视觉识别挑战赛(ImageNet Large Scale Visual Recognition Challenge，ILSVRC)中，AlexNet 以 15.3%的 TOP-5 错误率识别结果，取得了 ImageNet 比赛以来的最好成绩，并且其精度远远领先于第二名的 26.2%。AlexNet 包括 5 个卷积层和 3 个全连接层，是一个具有深远影响的深度学习网络，因为 AlexNet 证明了 CNN 在复杂模型下的有效性。高精度的识别结果吸引了更多的深度学习研究人员，很大程度上促进了深度学习的发展，后续产生的深度网络模型多使用 CNN 模型结构进行开发。但是

AlexNet卷积核(11×11,7×7和5×5)较大,其运行过程需要消耗较大的计算资源,对硬件要求较高。

2014年牛津大学科学工程系Visual Geometry Group提出了VGG-Net,包括VGG16和VGG19两种结构[115]。相对于AlexNet具有更小的卷积核(3×3),可以提升参数效率。为保证分类效果,VGG-Net设计了更深的层级,其中VGG16包含了13个卷积层以及3个全连接层,VGG19则包含了16个卷积层与3个全连接层。更深层的VGG-Net泛化性能更好,可以学习更加复杂的模型以提升分类效果,VGG-Net在ILSVRC 2014取得了TOP-5错误率7.3%的良好成绩。但是VGG-Net参数量巨大,在处理单张图片时存在耗时过长问题[116],相对于其他网络其计算效率不高[117-118]。

深度残差网络(ResNet)在2015年由微软研究团队He等[119]提出,并在ILSVRC 2015多项比赛中获得第一名。ResNet参考了VGG-Net深层结构的思想,并在其基础上构建了一个更加深层次(152层)的网络以提升网络性能。ResNet的诞生使数百甚至千层级别的深度学习训练网络成为可能,是近些年来计算机视觉和深度学习领域的里程碑事件。一般而言,网络层数的增加容易造成梯度消失问题[120-122],即在训练的迭代过程中,随着隐藏层数目的增加,前层权值经过多次连乘之后变得很小,导致梯度消失,增大了深层网络的训练难度。梯度消失是深度学习研究中的一个难题,研究人员尝试添加正则化层(Batch Normalization,BN)解决该问题,BN目前已经广泛地应用到了各大主流网络中,但是当数据的绝对差异不足时,BN方法很难达到相应的效果。BN方法可以支持几十层网络的训练,但随着网络层数的继续增加,训练集的准确率会出现饱和甚至下降的现象,产生网络退化问题(Degradation problem)。针对网络退化问题,He博士研究团队提出了基于残差学习的ResNet。ResNet加入了多个残差块(Residual block),并利用CIFAR-10数据集实验发现,随着网络层的加深,训练精度会有明显提升,证明ResNet可以很好地解决网络退化问题,支持更深的网络训练和更高准确度的实现。但是深层的网络结构数量巨大,存在训练时间过长的问题。

Huang等[123]在ResNet工作的基础上,利用类似于Dropout的方法构建了DenseNet深度学习网络。DenseNet建立了前面所有层和后面层的密集连接机制,在训练过程中随机丢弃了一些层,显著提高了网络的泛化性能。DenseNet包含了多个dense block模块,网络中的每一层与前面层直接连接,可重复利用前层提取的特征,这样的设计可以将浅层特征直接传播到深层使用,不仅减少了贡献不大的卷积层和模型参数,而且提升了分类精度。但是,由于DenseNet每层宽度较小,导致其运算效率不足而消耗内存。

上述 CNN 模型多采用加深网络层的思路来提升分类效果，但网络层的增加需要更多的训练集，同时参数的增加也会消耗较多的计算资源。基于以上问题，Szegedy 等[124]提出的 Inception 系列网络采用了稀疏网络结构模式，将 CNN 常用的卷积(1×1,3×3,5×5)和池化操作(3×3)等堆叠在一起，增加了网络宽度和网络对不同尺度的适用性[125]。另外，研究人员在较大的卷积核(如 3×3，5×5)前增加了较小的(如 1×1)卷积层，一定程度上降低了网络参数量。在 Inception 中，网络的全连接层被平均值池化层代替，这一设计进一步降低了模型参数数量。Inception 共有 22 层，经过上述处理后模型仅包含 500 万个参数，相对于 6 000 万参数的 AlexNet 和 1.2 亿参数的 VGG-Net，Inception 具有运算量小、计算效率高的优势。值得注意的是，在减少计算参数的同时，Inception 网络同样提高了分类精度。第一代网络模型 GoogLeNet Inception V1[125]在 2014 年的 ILSVRC 大赛分类任务中取得第一名，超过了当年第二名 VGG-Net。随后的年份里 GoogLeNet 研究团队又相继推出了 Inception V2[126]、Inception V3[124]、Inception V4[127] 以及 Inception-ResNet[128] 等训练网络。这些网络基于 GoogLeNet 框架和当时其他先进的网络思想，进一步改进和优化了网络性能。当内存或者计算资源有限时，GoogLeNet 可以较好地完成分类任务。

3.3　基于 GoogLeNet Inception V3 土地覆盖分类

根据上节内容可发现，在不影响分类精度的前提下，GoogLeNet Inception V3 训练网络模型参数相对较少而且计算量小，可以有效提高土地覆盖分类效率。因此本书选取了分类精度较高的 GoogLeNet Inception V3 模型对泛第三极主要城市土地覆盖进行分类。本节主要介绍 Inception V3 的框架结构及其在本书中的应用。

3.3.1　GoogLeNet Inception V3 模型

GoogLeNet 创造性提出的 Inception 模块概念可以丰富单个卷积层的卷积核类型，这与其他模型单纯地增加网络层深度有很大差异。Inception 结构可以明显改善网络深度和宽度受限制的问题，而且可以大幅度提升计算速度，如图 3-3所示。

Inception 模块分别使用了 1×1、3×3 以及 5×5 卷积核，根据不同大小的卷积核可以从图像中提取不同尺寸特征，因此 Inception 设计可以从单个卷积层提取更多的图像特征，避免了网络层数的加深，有效减少了计算参数。另外，Inception 在较大的卷积核(3×3,5×5)之前都设置 1×1 卷积层用来线性组合

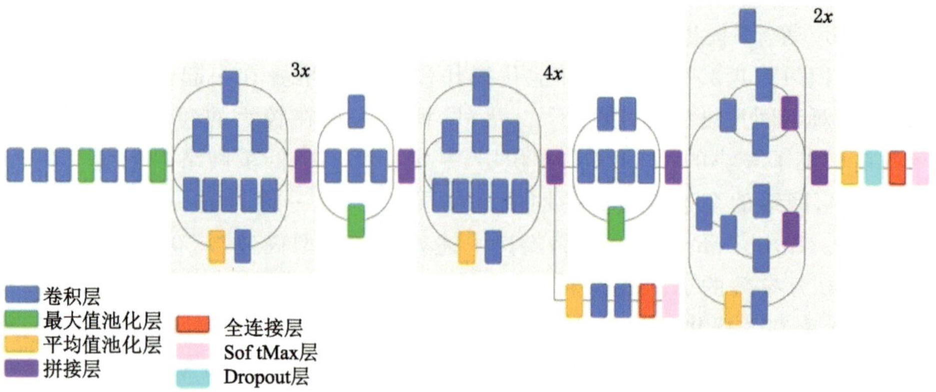

图 3-3 GoogLeNet Inception V3 的基本结构[127]

上一层特征图，在保证信息完整的同时，也减少了特征图的数量。Inception 的主旨思想是寻求图像的最优局部稀疏结构，并将其近似地用稠密组件替代[129]。这样的设计可以减少模型维度，保证模型在有限计算资源的条件下正常运行。

3.3.2 训练样本选取

深度学习的网络训练一般需要大量的样本数据，因此也产生了很多用于模型训练的公开数据集，针对遥感场景识别和土地覆盖分类的研究，比较常用的数据集包括 USGS 提供的 UC-Merced[130]，中国西北工业大学提供的 NWPU-RESISC45[131] 以及 ILSVRC 比赛使用的 ImageNet 数据库[132]。其中 UC-Merced 数据集选取的影像源自美国的洛杉矶、拉斯维加斯、西雅图、迈阿密等大型城市，包含了农田、飞机、森林、高速公路、网球场、高中低密度住宅等 21 个类别，每种类别有 100 张图像。NWPU-RESISC45 是基于 Google Earth 影像手工描绘制备的，绘制专家具有较强的遥感影像专业解译背景。该数据集包含了棒球场、篮球场、海滩、桥梁、沙漠、森林、草地、商业区、高中低密度居民区等 45 个类别，单个类别包含 700 张影像，共有 31 500 张影像。大量的影像在全球覆盖了发达国家、发展中国家和处于转型时期的国家。ImageNet 提供了大量标准的标注数据，该数据集基本上包含了自然场景中所有物体的图像，而且数据库每年还在持续更新维护。ImageNet 共涵盖了 20 000 多个类别，存储图像超过 1 500 万张。然而，土地覆盖分类不同于遥感场景分类，土地覆盖分类通常需要融入陆表覆盖的光谱反射、纹理等特征进行地表分类，以上公开的数据不能完全满足土地覆盖分类的样本训练要求。

针对深度学习网络，训练样本的质量从本质上决定了最终分类结果的精度。但高质量的样本筛选需要很强的专业背景知识和很大的工作量，比较耗时耗力。因此考虑采用以往研究提供的可靠标注样本对 GoogLeNet Inception V3 进行训练，可以提升分类效率。本书选取了刘天福等[133]提供的土地覆盖标签数据集，该数据集包含了 224 万个样本，由 Google Earth 高分辨率遥感影像等数据源提取获得。样本数据分别属于森林、灌木地、草地、耕地、湿地、人造地表、冰川及积雪、裸地、水体 9 种类别。为取得与泛第三极城市土地覆盖分类体系一致的数据，本书将森林、灌木地、草地等合并为植被，耕地和人造地表仍保持原来的分类名称，湿地与水体合成水体类别，冰川和积雪、裸地则属于其他类别。部分样本数据示例如图 3-4 所示。

图 3-4　部分样本数据示例

3.3.3　模型训练

基于小样本的深度学习网络训练过程容易产生过拟合问题，即模型可以在训练集上表现良好，但是在测试数据集上表现不佳，该问题可以通过增加训练数据量解决。鉴于前人研究已经提供了足够的训练样本，为避免出现过拟合问题和重复工作，本书从上述数据集中筛选了大量样本(表 3-2)训练 Inception V3 模型，由于水体特征相对较少，可基于相对少量的样本完成训练。模型训练一般包括从零训练和迁移学习两种策略。从零训练往往基于海量的样本数据和高性能的计算设备，比较费时费力。迁移学习可以利用预训练模型中已经训练好的模型参数，根据目标数据集微调模型的输入-输出层使其满足特定分类任务的模型训练手段。迁移学习可以有效地节省训练时间，在训练样本有限时仍可得到较好的分类效果。因此本书选择迁移学习方法微调训练 Inception V3 模型。为保证训练效果，本书采用较大数量的样本微调了 Inception V3 第一层，这样既可以提取新的数据特征，又能通过训练其他层提取预训练网络中的已有特征，提升训练效率。

表 3-2　训练样本类别和数量

类别	样本量
植被	10 000
耕地	10 000
人造地表	10 000
水体	4 400
其他	10 000

3.3.4　土地覆盖分类

本书 3.1 节介绍了泛第三极主要城市土地分类数据预处理流程，通过数据预处理可以识别出分类可靠的区域，而分类不可靠的区域则需要借助 Google Earth 影像和深度学习算法进行重新分类。

本书首先根据确定的城市范围分别下载了泛第三极主要城市 2000/2010/2017 年高分辨率 Google Earth 影像。由于卫星过境期间获取的影像可能存在云雾导致部分区域影像质量较差，Google Earth 剔除了这些影像数据，并在年内选取了质量较高的影像合成了时间分辨率为 1 年的数据，用户无须额外处理。

本节的目标是利用训练好的 GoogLeNet Inception V3 模型对分类不可靠区域重新分类，最终获取 30 m 分辨率高精度数据。针对分类不一致的区域，首先根据 ENVI＋IDL 工具获取各像元地理坐标中心位置，并根据该位置从高分影像中截取 3×3 像元(即 90 m×90 m)窗口,这样的操作可以融入待分类像元周边更多的纹理信息,有助于准确识别像元属性。截取的图像作为模型输入数据在 Inception V3 中进行识别分类,模型最终输出图像所属的最大概率地类标签,并将此结果赋给 3×3 像元中心,由此可以完成单个像元的分类。本书选用的 Inception V3 模型基于 Tensorflow 平台实现,借助 Tensorflow 数据流图高效计算的结构,模型可并行批量处理大量的图像。本书首先将单个城市的分类不一致图像按照地理坐标顺序依次编号,并存储在单个文件夹中;然后利用 Inception V3 模型对文件夹中的图像进行分类,并按照编号顺序以文本格式保存分类结果标签,完成单个城市分类不可靠区域的重分类工作;最后,构建一个空白栅格,结合地图对比识别的分类可靠区域的结果和深度学习对分类不可靠区域的重新分类结果,按地理坐标赋予分类一致和 InceptionV3 重分类的像元值,得到最终的城市土地覆盖数据。基于上述分类流程,本书获取了泛第三极 14 个主要城市的土地覆盖数据集。其中,2000 年和 2010 年数据根据相关土地覆盖产品识别的分类一致区域与 Inception V3 重分类区域合并后获得,2017 年缺少相应的土地覆盖产品,因此 2017 年数据完全基于高分辨率遥感影像和 Inception V3 分类获取。具体的分类结果如图 3-5 所示。

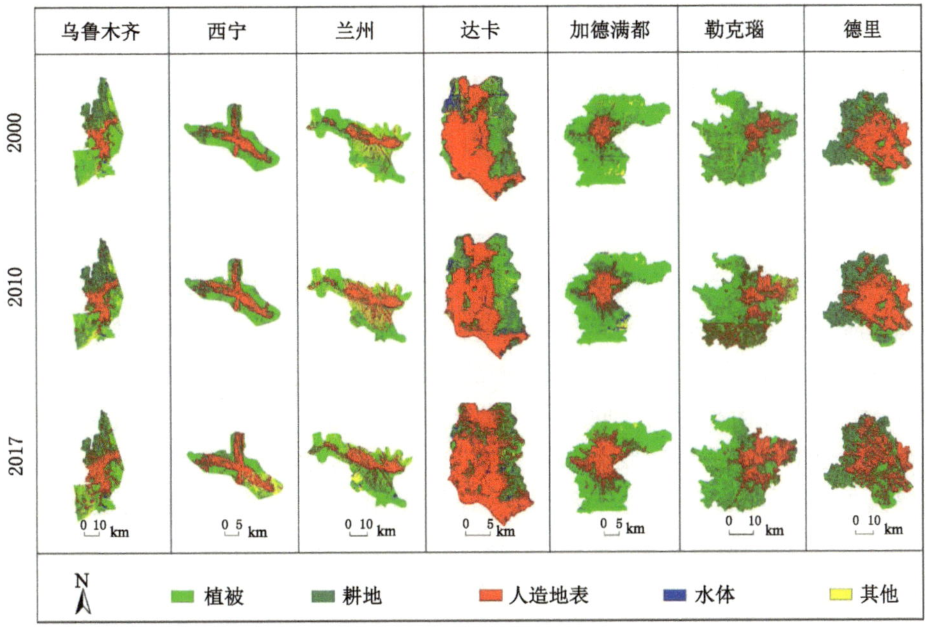

图 3-5　泛第三极主要城市土地覆盖分类结果

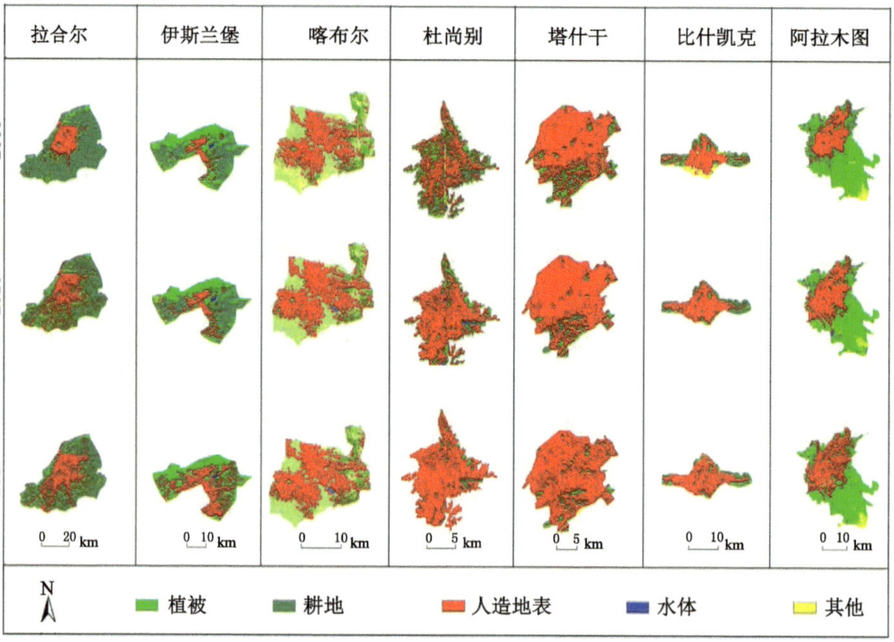

图 3-5 （续）

3.4 分类结果验证

3.4.1 目视解译验证

主流的土地覆盖分类结果验证方法包括选择可靠的土地覆盖产品对比，或者根据高分辨率影像目视解译参考点进行验证[134-136]。根据已有产品情况对比验证，一般选择分辨率和精度更高的产品。在全球尺度上，GlobeLand30 在分辨率和分类精度方面都超过了同期的土地覆盖产品，但是仍有研究指出该产品在中亚等典型干旱半干旱区域存在分类精度不足的问题，作者根据高分辨率遥感影像选取了大量的目视解译点，然后计算得出中亚地区总体分类精度仅有46%[137]。考虑到研究区包含了中亚地区的大型城市，当前仍缺乏合适的土地覆盖产品验证泛第三极主要城市的土地覆盖分类结果。随着遥感技术的进步，高分辨率遥感影像在质量和数量上也有较快的发展。高分辨率影像具有丰富的地物纹理信息和空间结构信息，便于人工识别，相对于传统的野外采样可节省大量的时间和物力资源，因此目视解译高分辨率影像在土地分类结果验证领域得到了广泛的应用[33,138-139]。

近些年来也发展了基于众包数据的验证方法[140-142]。Geo-Wiki 是当前利用众包数据验证土地类型的最大平台，该平台存储了 GlobeLand30、MODIS 土地覆盖产品、GLC—2000 等全球土地覆盖数据，用户可以根据 Google Earth、Bing Maps 以及带有地理标签的照片等工具，结合个人知识经验，对产品中分类不一致的点位进行分类[143]。然而，由于该平台是一个面向所有互联网用户的开放系统，用户的专业知识背景参差不齐，验证点质量不易保证，虽然 Geo-Wiki 开发人员仍致力于解决该问题，但在土地覆盖数据验证方面，目前得到的应用还比较有限。

综上可知，当前仍缺乏可靠的参考数据来验证泛第三极主要城市土地覆盖分类精度，因此本书基于 Google Earth 高分辨率影像，选择了目视解译参考点的方法对 Inception V3 分类精度进行评估。准确计算模型分类精度需要一定数量的参考数据，鉴于 GlobeLand30 在全球尺度上选择了 15 万个参考点，本书设置了更高密度的验证点，计划在研究区 10 692 km^2 中选取 12 000 个左右验证点，每年大约设置 4 000 个验证数据。以 2000 年为例，在参考点设置过程中，利用 ArcGIS 数据管理工具中创建随机点工具，将 2000 年预设的 4 100 个样本点均匀分布在各城市中。为保证筛选的样本点能包括所有的土地覆盖类型，各点之间最小距离设置为 500 m，一定程度上可以避免同一地类样本数量过多的问题。2010 和 2017 年的样本采集也采用了相同的流程。得到初步的样本点分布后，叠加相应的高分辨率遥感影像，在 ArcGIS 中目视解译各参考点类别，并将类别编号保存在属性表中。为保证参考点解译质量，目视解译过程中删除了人工不易识别的点，最终确定了 11 973 个可靠的参考点，其中，2000 年、2010 年和 2017 年分别包含了4 015、3 999和3 959个点（表 3-3），所有参考点在各城市中均匀分布，如图 3-6 所示。

表 3-3　土地覆盖分类验证结果

	年份	类型	参考数据					UA/%
			植被	耕地	人造地表	水体	其他	
分类数据	2000	植被	1 212	51	26	2	12	93.02
		耕地	84	1 217	32	1	24	89.62
		人造地表	37	20	1 025	0	4	94.38
		水体	8	4	1	24	4	58.54
		其他	40	14	5	0	168	74.01
		PA/%	88.76	93.19	94.12	88.89	79.25	**90.81**

表 3-3(续)

	年份	类型	参考数据					UA/%
			植被	耕地	人造地表	水体	其他	
分类数据	2010	植被	954	50	40	2	26	88.99
		耕地	77	1018	66	5	50	83.72
		人造地表	22	18	1 444	1	2	97.11
		水体	3	1	5	19	2	63.33
		其他	17	3	3	1	170	87.63
		PA/%	88.91	93.39	92.68	67.86	68	**90.15**
	2017	植被	1 066	20	34	6	13	93.59
		耕地	78	857	36	3	28	85.53
		人造地表	14	5	1 607	0	2	98.71
		水体	3	3	1	17	4	60.71
		其他	26	0	4	0	132	81.48
		PA/%	89.81	96.84	95.54	65.38	73.74	**91.29**

注:加粗表示的数字为总体分类精度(OA)。

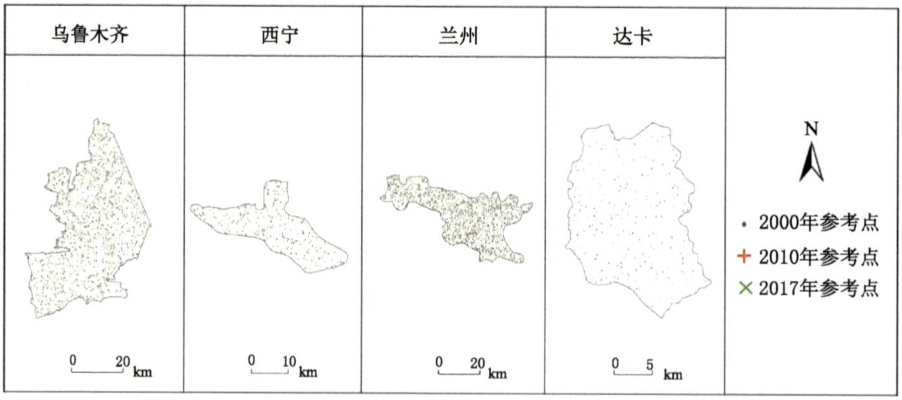

图 3-6 验证点空间分布

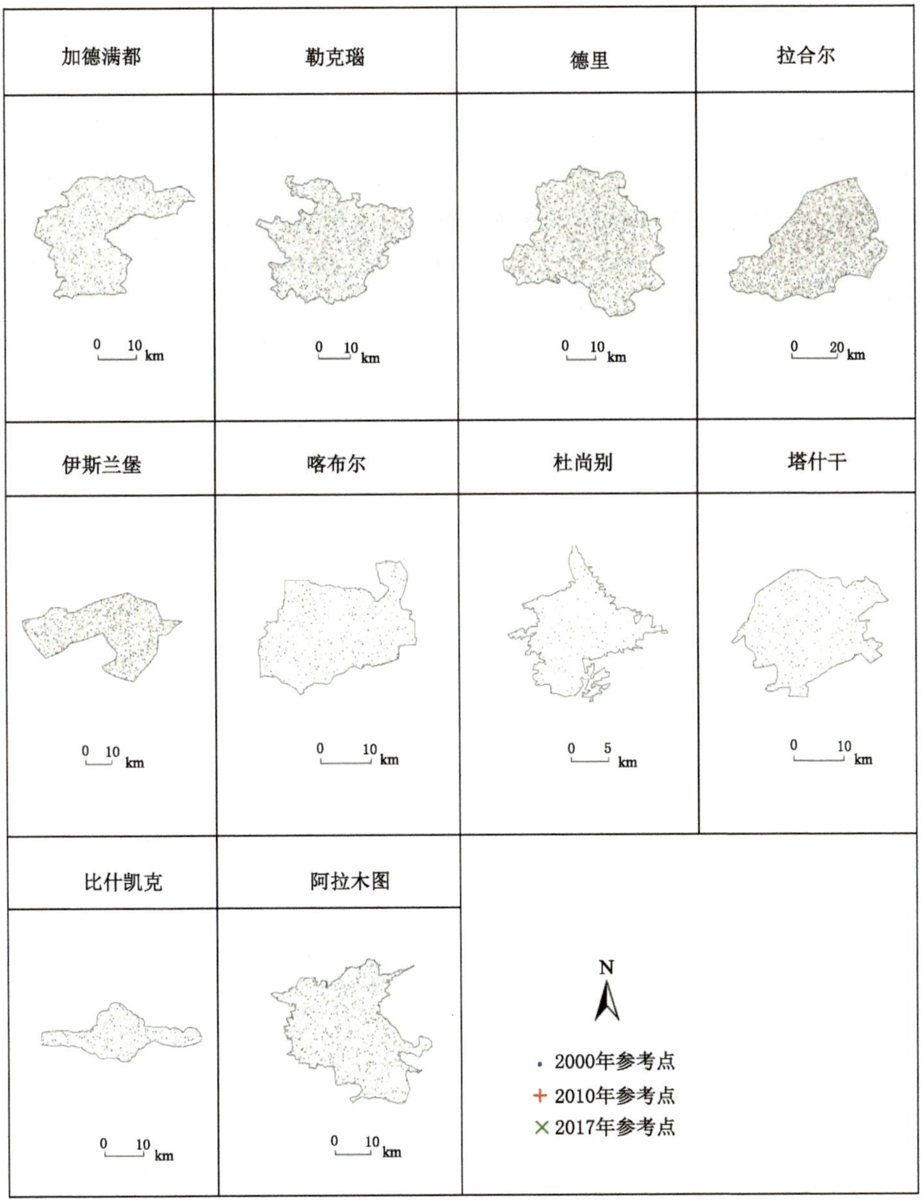
加德满都
勒克瑙
德里
拉合尔
0 10 km
0 10 km
0 10 km
0 20 km
伊斯兰堡
喀布尔
杜尚别
塔什干
0 10 km
0 10 km
0 5 km
0 10 km
比什凯克
阿拉木图
0 10 km
0 10 km
N
2000年参考点
2010年参考点
2017年参考点

图 3-6 （续）

混淆矩阵是最常用的土地覆盖分类结果验证工具[144-146]。通过矩阵计算，混淆矩阵可以根据总体分类精度、用户精度、生产者精度等指标定量地反映出分类结果的好坏。混淆矩阵是一个 $m \times m$ 矩阵，其中 m 为类别数。总体分类精度为被正确分类的样本总数与总样本数的比值。用户精度是被正确分类到某类的样本数与分类器确定的该类样本总数的比值，表示数据对于用户的可用程度。生产者精度是指被正确分类到某类的样本数与该类真实参考样本总数的比值，表达待评价数据与参考数据的一致性水平。总体精度(Overall Accuracy，OA)、用户精度(User Accuracy，UA)和生产者精度(Producer Accuracy，PA)可分别采用式(3-3)、式(3-4)、式(3-5)表示。

$$\mathrm{OA}=\frac{\sum_{i=1}^{m} x_{ii}}{S} \tag{3-3}$$

$$\mathrm{UA}=\frac{x_{ii}}{X_i} \tag{3-4}$$

$$\mathrm{PA}=\frac{x_{ii}}{Y_i} \tag{3-5}$$

式中 S——全部样本数量；

m——矩阵行数；

x_{ii}——矩阵中第 i 行第 i 列上样本数量；

X_i——第 i 行样本数量的总和；

Y_i——第 i 列样本数量的总和。

根据表 3-3 可知，泛第三极主要城市土地覆盖分类精度较高。从总体精度来看，三年数据的总体精度差别不大，2000 年数据的总体分类精度是 90.81%，2010 年总体分类精度为 90.15%，2017 年最高，达到了 91.29%，所有年份的总体分类精度都很高，且都超过了 90%。超高的总体精度证明本书数据生产流程可以有效保证土地覆盖分类的准确率。考虑到 2000 和 2010 年数据保留了现有产品识别出的分类一致区域，而 2017 年分类全部基于高分辨率影像，本年度总体精度最高也从侧面证明了深度学习算法的可靠性。可靠的分类结果有能力支持泛第三极主要城市扩张研究工作。生产者精度和用户精度可以评估深度学习对单个土地类别的分类效果。根据验证结果可以发现，植被、耕地和人造地表的生产者精度与用户精度很高，均超过了 83.72%，尤其是人造地表，其最低用户精度为 94.38%，最低生产者精度是 92.68%，表明该分类具有很高的可信度，在监测泛第三极主要城市建成区扩张方面，该数据应用价值较高。植被的最低用户精度为 88.99%，最低生产者精度是 88.76%，均接近 90%；对于耕地分类结果，最低用户精度达到 83.72%，最低生产者精度为 93.19%。耕地和植被对于水土保持、调节局地气候具有重要的作用，然而这两种地类却在城市化进程中最容易转换成建筑用地，不利于环境保护，多数研究也指出该转换将会严重影响城市生态环境，不利于城市实现可持续发展[147-149]。因此，植被和耕地的高识别率有助于分析泛第三极城市扩张的土地转换类型及其对城市环境的影响。水体和其他两种土地类型在泛第三极主要城市中占地比例较小，虽然两者的用户精度和生产者精度不及其他三种地类，但不会显著影响总体分类精度，因此不会影响城市扩张分析研究。

综上分类结果可知，基于 Inception V3 分类的泛第三极主要城市土地覆盖数据具有超高的总体精度，主要的土地覆盖类型如植被、耕地、人造地表也具备很高的正确识别率，因此本书采用的时间序列土地覆盖数据可有力支持泛第三极主要城市扩张研究工作。

3.4.2 干旱区城市分类结果与 GlobeLand30 对比

由于干旱区和半干旱区的土地覆盖分类难度较高，本书也筛选出了位于这些位置的泛第三极主要城市，将其分类结果与同等分辨率的 GlobeLand30 产品对比，定量分析 InceptionV3 的分类精度提升效果。

根据年均降雨量分类定义可知，干旱区和半干旱区包括了年均降雨量低于 500 mm 的区域[150]。本书根据上述定义从泛第三极主要城市中筛选出乌鲁木齐、西宁、兰州、拉合尔、喀布尔、塔什干、比什凯克等 7 个干旱半干旱城市。虽然拉合尔年均降雨量为 628 mm（表 2-1），但考虑到该城市属于半干旱气候，约 60%的降雨集中在 7 月和 8 月，年内大部分时间比较干旱，因此本书也将拉合尔土地覆盖分类结果纳入比较。为有效对比精度提升效果，本书选取了目视解译精度最低的 2010 年数据与 GlobeLand30—2010 进行对比。

本书基于以上城市目视解译的参考点的空间位置，利用 ArcGIS 多值提取至点工具记录了 GlobeLand30—2010 分类结果。为保证数据的可对比性，本节使用的 GlobeLand30—2010 产品需要经过预处理生成与本书 5 种地类一致的数据，预处理过程详见 3.1.2 小节。获取 GlobeLand30—2010 在参考点位置的分类结果后，通过混淆矩阵可与 Inception V3 分类结果进行对比（表 3-4）。

表 3-4　干旱区和半干旱区土地覆盖分类验证结果

	数据	土地类型	参考数据					UA/%
			植被	耕地	人造地表	水体	其他	
分类数据	InceptionV3分类数据	389	20	15	1	26		86.25
		44	581	48	3	38		81.37
		8	7	767	1	2		97.71
		2	2	0	10	2		62.50
		15	2	2	1	123		86.01
		84.93	94.93	92.19	62.50	64.40		**88.67**
	GlobeLand30—2010	259	130	51	3	8		57.43
		62	619	24	3	6		86.69
		34	150	593	0	8		75.54
		0	3	0	13	0		81.25
		104	19	6	1	13		9.09
		54.63	62.71	87.98	65.00	37.14		**70.98**

注：加粗表示的数字为总体分类精度(OA)。

通过对比可知，InceptionV3 在干旱半干旱城市的土地覆盖分类总体精度(88.67%)显著超越了 GlobeLand30—2010(70.98%)，表明深度学习算法提升干旱半干旱区域土地覆盖分类精度效果比较明显。根据用户精度和生产者精度判断，人造地表是两种数据中分类正确率最高的地类，其中 InceptionV3 分类的用户精度和生产者精度都超过了 92%，高于 GlobeLand30—2010 的用户精度和生产者精度(约 87%)。相对于 GlobeLand30—2010，InceptionV3 在植被与其他两种土地类型的精度提升最为明显，尤其是植被类型，GlobeLand30—2010 的用户精度和生产者精度都低于 58%，而 InceptionV3 的用户精度和生产者精度均超过了 84%。值得注意的是，GlobeLand30—2010 在识别其他土地类型时存在精度很低的问题，以往研究曾指出干旱区和半干旱区存在大量的裸土与植被覆盖率很低的地类，基于光谱分析的分类方法容易将这两类区域与人造地表混淆错分[20,151-152]，导致整体分类精度的下降。Inception V3 可以有效提高其他土地类型的分类精度，本书中其用户精度达到了 86.01%，相对于 GlobeLand30—2010 有较大提升，有助于准确区分其他和人造地表。

综合以上对比结果可知，InceptionV3 可显著提升干旱半干旱区域土地覆盖分类精度，适用于泛第三极主要城市扩张研究。

3.5　本章小结

本章从方法原理上详细介绍了泛第三极主要城市土地覆盖分类流程。首先介绍了土地覆盖分类需要的数据以及数据预处理方法，包括城市边界的确定、数据的一致性处理和分类可靠区域的识别与保留等流程。然后回顾了深度学习算法在遥感影像分类研究领域的发展历程，对比了不同模型的优缺点，并解释了选择 GoogLeNet InceptionV3 模型分类的原因。随后描述了深度学习具体的分类流程，并详细介绍了分类结果的验证方法，最后选择 GlobeLand30 产品定量对比分析了深度学习在干旱半干旱区土地分类的提升效果。经过目视解译验证和产品对比分析，证明了 InceptionV3 分类结果可以为泛第三极城市扩张研究提供可靠的数据支撑。

第4章 泛第三极主要城市扩张和土地覆盖变化分析

根据泛第三极主要城市的时间序列土地覆盖数据集，本章从城市扩张角度具体分析城市扩张速率及城市扩张造成的土地覆盖变化情况，涵盖了2000—2017年整个研究时段以及2000—2010年和2010—2017年两个具体研究时段的城市扩张情况分析。具体的分析包括城市人造地表变化的时空特征，与城市扩张相关的土地转换特征以及城市扩张造成的社会和生态环境影响。本章的目的是定量分析泛第三极主要城市扩张情况，根据土地覆盖变化数据和相关社会统计数据识别城市发展中存在的问题，为城市未来发展规划提供有价值的参考信息。

4.1 泛第三极主要城市扩张速率分析

4.1.1 泛第三极主要城市整体扩张速率

本书选择泛第三极主要城市的人造地表面积作为城市建成区扩张分析的指标，基于人造地表面积数据分别统计分析14个城市的扩张情况。根据土地覆盖数据提取到各城市2000年、2010年和2017年的人造地表空间分布如图4-1所示。

由图4-1可以看出，在空间上大多数城市呈现了由内部向四周扩张的特征，而且多数城市在2000—2010年阶段经历了明显的扩张。2010—2017年泛第三极主要城市扩张面积低于2000—2010年阶段，从图4-1可以发现，仅有加德满都和伊斯兰堡在2010—2017年阶段发生了比较明显的城市扩张。研究区2000年以来主要的城市扩张集中在2000—2010年。

图4-2和表4-1描述了泛第三极主要城市2000—2017年期间扩张的情况。图4-2中，每个城市包括三个柱状表达的数据，从左至右依次表示该城市2000

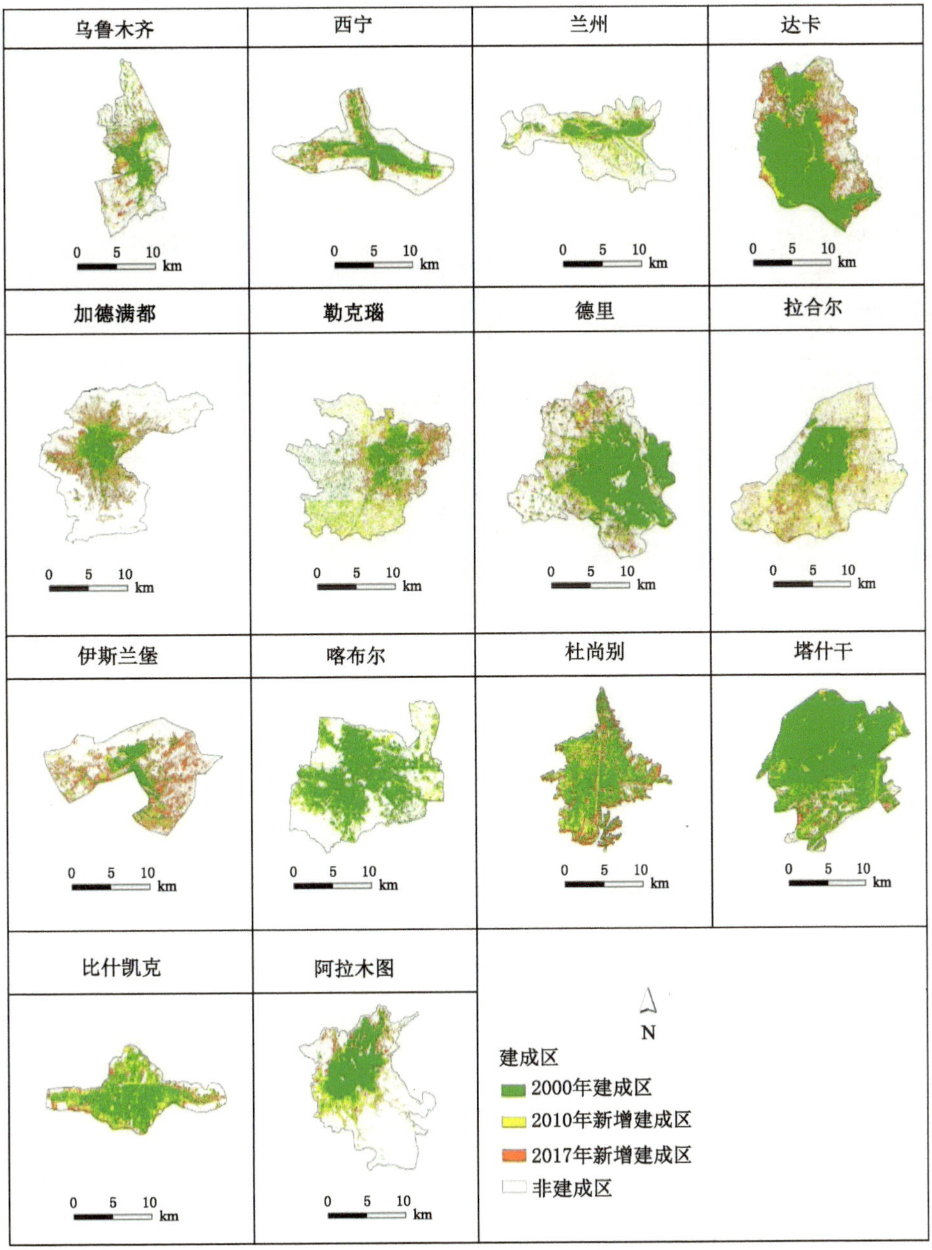

图 4-1　泛第三极主要城市扩张的空间分布

年、2010 年、2017 年各土地类型覆盖面积。为提供更丰富的扩张信息，本书分别按照 2000—2010 年(第一阶段)和 2010—2017 年(第二阶段)两个具体的时间区间综合对比分析研究区城市扩张的特征。

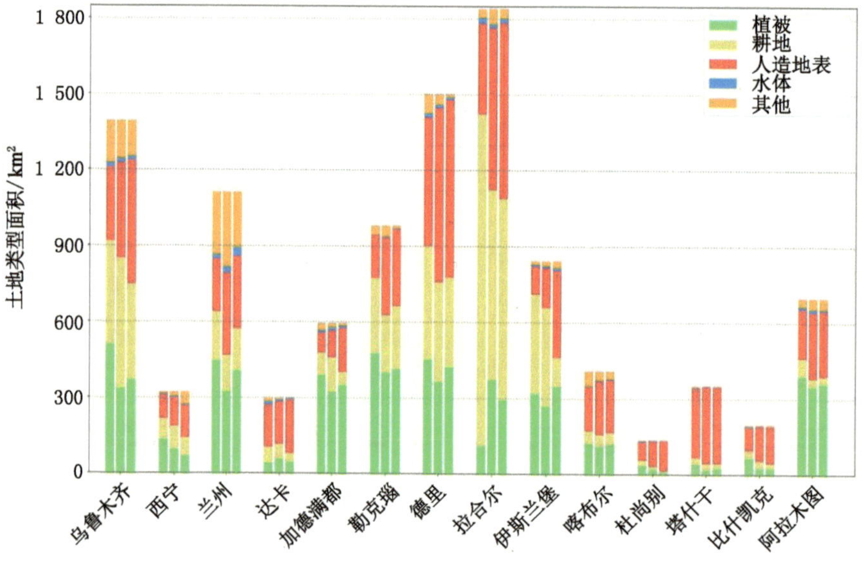

图 4-2　泛第三极主要城市各地类覆盖面积统计

图 4-2 和表 4-1 分别定量描述了泛第三极主要城市 2000 年、2010 年和 2017 年期间扩张的具体情况。其中，图 4-2 统计了研究区城市的五种地类面积，记录了 2000—2017 年间泛第三极主要城市各类土地面积的动态变化。结合城市人造地表面积变化数据(表 4-1)可知，泛第三极主要城市在整个研究时段(2000—2017 年)扩张较快，人造地表由 2000 年的 2 809.11 km^2 增长到 2017 年的 4 380.31 km^2，平均年增长率约为 2.7%，总体增长率达到 55.93%。按照上文提出的两个阶段分析发现，2000—2010 年城市扩张速率较快，人造地表面积由 2000 年的2 809.11 km^2 增长至 2010 年的 3 913.23 km^2，增长率为 39.3%，并且本阶段的城市扩张面积占据了整个研究时段扩张面积的 70.3%；相对于第一阶段，2010—2017 年城市扩张速度有所减缓，人造地表面积在第二阶段增加了约 467 km^2，增幅为 11.94%。综上可知，2000 年以来泛第三极主要城市经历了先快后慢的扩张趋势，虽然近些年扩张速度减缓，但整体上仍处于持续扩张状态。

表 4-1　泛第三极主要城市 2000—2017 年人造地表面积变化

城市	人造地表面积/km²			人造地表增长率/%		
	2000	2010	2017	2000—2010	2010—2017	2000—2017
乌鲁木齐	292.66	377.17	489.15	28.87	29.69	67.14
西宁	93.81	113.34	128.05	20.82	12.98	36.49
兰州	210.71	328.15	288.46	55.73	−12.10	36.90
达卡	169.00	170.82	211.64	1.08	23.90	25.23
加德满都	79.61	106.96	175.51	34.36	64.08	120.46
勒克瑙	169.51	308.11	306.30	81.77	−0.59	80.70
德里	509.80	689.76	703.25	35.30	1.95	37.95
拉合尔	359.67	641.33	695.85	78.31	8.50	93.47
伊斯兰堡	112.12	159.57	344.98	42.32	116.19	207.68
喀布尔	174.73	212.66	208.98	21.70	−1.73	19.60
杜尚别	72.56	100.03	119.12	37.86	19.08	64.15
塔什干	275.90	304.18	302.12	10.25	−0.68	9.50
比什凯克	93.14	139.44	147.29	49.72	5.63	58.15
阿拉木图	195.89	261.70	259.63	33.60	−0.79	32.54
总计	2 809.11	3 913.23	4 380.31	39.30	11.94	55.93

4.1.2　泛第三极、亚洲和全球城市同期扩张速率对比

2000 年以来，全球进入了快速的城市化阶段[153-155]，这种现象普遍存在于发展中国家，尤其是中国东部沿海城市、东南亚国家以及非洲国家。在经济全球化背景下，这些国家和地区为促进经济发展，制定了诸多激励政策推动城市建设，因此引领了区域城市化的浪潮。与此同时，位于青藏高原及其周边的泛第三极城市也经历了快速的城市化进程，但是由于经济发展相对落后，未引起足够的关注。本书根据可靠的土地覆盖数据发现泛第三极主要城市扩张迅速，为更具体描述该区域城市扩张的态势，本节选取了同期亚洲和全球的城市扩张速率进行对比（图 4-3）。

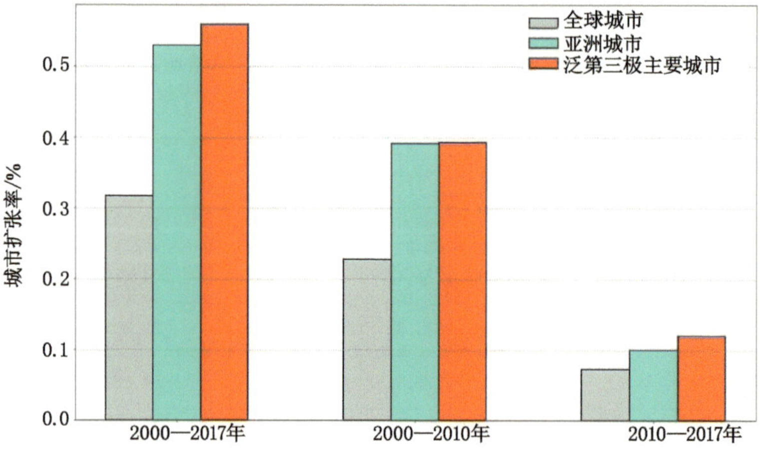

图 4-3 2000—2017 年城市扩张速率对比

全球和亚洲的城市建成区面积根据已有数据提取计算得出，数据源自 He 等[39]提供的全球城市扩张数据集。尽管该数据集空间分辨率是 1 km，但是其验证过程基于 30 m 分辨率的 Landsat 遥感影像，而且其总体分类精度为 90.89%，与 InceptionV3 的分类精度(90.2%—91.2%)几乎一致，因此可以选用该数据对比不同区域城市扩张的速率。全球城市扩张数据集覆盖了 1992—2016 年时间段，缺少 2017 年数据，考虑到城市不可能在短期内发生巨大扩张，因此本书提取了数据集中 2016 年数据作为亚洲和全球 2017 年城市面积数据，与泛第三极主要城市扩张情况进行对比分析。

由图 4-3 可知，泛第三极城市在 2000—2017 年扩张率高于 2000—2017 年亚洲和全球的城市扩张率，此期间全球城市建成区面积由 471 646 km^2 增长至 621 143 km^2，增长率为 31.7%；亚洲城市表现出更快的增长速度，同期扩张率高达 54.1%；泛第三极主要城市扩张速度超过了亚洲，在 2000—2017 年间该区域城市建成区增长率为 55.9%，增幅在上述比较中位居首位。类似于整个研究时段的扩张趋势，泛第三极主要城市在 2000—2010 年和 2010—2017 年扩张率仍然高于亚洲和全球城市。三个区域的建成区面积在第一阶段都增长较快，全球和亚洲城市在本阶段扩张率为 22.8%和 39.1%，同期的泛第三极主要城市扩张率略高于亚洲，接近于全球扩张幅度的两倍，达到 39.3%。第二阶段三个范围城市扩张率都有所减缓，其中，全球和亚洲的扩张幅度分别为 7.3%和 10.0%，泛第三极主要城市是 11.9%，持续高于全球和亚洲城市的扩张率。

综上分析可知，泛第三极主要城市在整个研究时段和两个具体阶段的城市扩张率较大，且一直高于全球和亚洲。作为发展中国家人口最多的大洲，亚洲在

2000 年以来城市化进程中取得了令人瞩目的成就，因此也聚焦了多数城市发展相关的研究，但是目前仍缺乏关于泛第三极城市化问题的整体研究。本书通过可靠的土地覆盖数据分析，发现泛第三极主要城市的扩张速度甚至略高于亚洲整体水平，在整体研究时段几乎达到全球城市扩张率的两倍，鉴于其脆弱的生态环境，泛第三极主要城市的扩张问题更值得深入研究。

4.1.3　泛第三极主要城市之间扩张率对比

本书选取的泛第三极主要城市位于 10 个不同的发展中国家，由于各国经济水平和城市发展政策的差异，不同城市之间也存在不同的发展历程，因此本小节从整个研究时段和两个具体时段对比分析泛第三极主要城市扩张速的差异。

在整个研究时段内，过半的城市扩张率超过了 50%，从高到低依次包括伊斯兰堡(207.68%)、加德满都(120.46%)、拉合尔(93.47%)、勒克瑙(80.70%)、乌鲁木齐(67.14%)、杜尚别(64.15%)、比什凯克(58.15%)、阿拉木图(55.93%)等 8 个城市。其中，伊斯兰堡在 2017 年的城市规模已经是 2000 年的 3 倍有余，加德满都城区也扩大了一倍多，拉合尔和勒克瑙的建成区面积也几乎翻了一倍，这些城市都经历了相对激进的扩张进程。与之相反的是乌兹别克斯坦首都塔什干，同期内该城市扩张速率最慢(9.50%)，根据图 4-1 可发现，塔什干在 2000 年时城市化程度已经较高，城市内部非建成区空间有限，另外，该城市人口相对较少，2018 年城市总人口仍不足 250 万，因此塔什干的城市扩张进程不及其他城市显著。除上述城市外，其余 5 个城市扩张率分布在 25.23%和37.95%之间，这些城市经历了相对平稳的扩张历程。

2000—2010 年是泛第三极主要城市主要的扩张时期，本阶段包含了超过 70%的总体扩张面积。根据表 4-1 所列统计数据发现，2000—2010 年期间有一半数量的城市扩张率超过 30%，由高至低的排序为：勒克瑙(81.77%)、拉合尔(78.31%)、兰州(55.73%)、比什凯克(49.72%)、杜尚别(37.86%)、德里(35.30%)以及阿拉木图(33.60%)。除了孟加拉国首都达卡增幅较小(1.08%)，其余城市的扩张率均在 10.25%和 28.87%之间。在 2010—2017 年期间，大部分城市扩张率开始变小，这是因为多数城市在第一阶段已经经历了快速的城市化，城市建成区面积基数较大，因此在一定程度上造成了第二阶段的扩张降速。尽管如此，部分城市仍然在第二阶段发生了较快的扩张，例如伊斯兰堡和加德满都建成区增长率分别达到了 116.19%和 64.08%，这两个城市在整个研究时段内一直保持着较快的增长速度。由图 4-1 可以发现，伊斯兰堡和加德满都城市周边的可用建设用地相对充足，因此一直保持着较快的扩张速度。多数城市在第二阶段减缓扩张或者保持稳定，这可能与城市可用建设用地面积有限的问题相关。值得注意的是，兰州在第二个阶段出现了人造地表减少的趋势，根据土地覆盖分类结果发现兰州东南山区的人造地表存在不同程度的减少，可能是由于当地的环境保护政策引起的，另外，兰州市政府在2012年启动了兰州新区建设，兰州新区距离老城区较远，未包含在本书确定的城市边界内，新区的建设可能在一定程度上减缓了兰州市老城区的扩张速度。达卡在第二阶段的城市扩张率是23.90%，明显高于第一阶段的1.08%，表明该城市发展相对滞后，近期快速扩张的可能性较大。

总体而言，泛第三极城市扩张率存在差异，但总体发展趋势基本一致。除兰州和达卡外，多数城市在2000—2010年快速扩张，在随后的时段中保持稳定或者减速扩张，但整体上仍然处于继续扩张态势。

4.2 城市土地覆盖转换

4.2.1 泛第三极主要城市扩张引起的土地转换类型

城市扩张是一个涉及非建设用地向建设用地转换的过程，经常伴随着自然林地、草地和耕地等土地类型的流失[156-159]。土地类型的转换会改变地表水热分布状态，进而影响局地生态环境和气候[154,160-162]。为探究泛第三极主要城市扩张对生态环境的影响，首先需要厘清城市扩张引起的土地覆盖变化情况。本节使用土地覆盖转移矩阵获取泛第三极主要城市2000—2010年和2010—2017年土地覆盖变化信息，并识别出转换为城市人造地表的主要土地类型。土地覆盖转移矩阵通过MATLAB代码实现，整体研究时段和两个具体研究时段转换结果的空间分布如图4-4、图4-5和图4-6所示。本书提取了图4-4、图4-5以及图4-6中各类土地覆盖转换面积的数据，分列于表4-2、表4-3和表4-4中，然后归一化处理数据并用图4-7表示。图4-8用来表达泛第三极主要城市总体的土地覆盖转换情况。

泛第三极主要城市土地覆盖包括5种土地类型，土地覆盖转换矩阵按照像元地理位置对比了起始年份和终止年份的土地类型，然后集对输出前后类型对应的新类型，因此得到了一个25(5×5)种类别的新数据。如果将所有类别都显示在地图中，可能会影响主要转换类型的识别，因此，图4-4、图4-5和图4-6将转换面积较小的类型合并成非显著变化类型。另外，定义前后年份土地类型未发生变化的像元为未变化类型，本书同时也合并了5种未变化类型，突出显示了主要的转换类型。图4-7中英文字母的含义分别是：V表示植被，C表示耕地，A表示人造地表，W表示水体，O表示其他；横坐标中VC表示植被向耕地转换，以此可以类推其余横坐标的含义。

图 4-4　2000—2017 年泛第三极主要城市土地覆盖转换

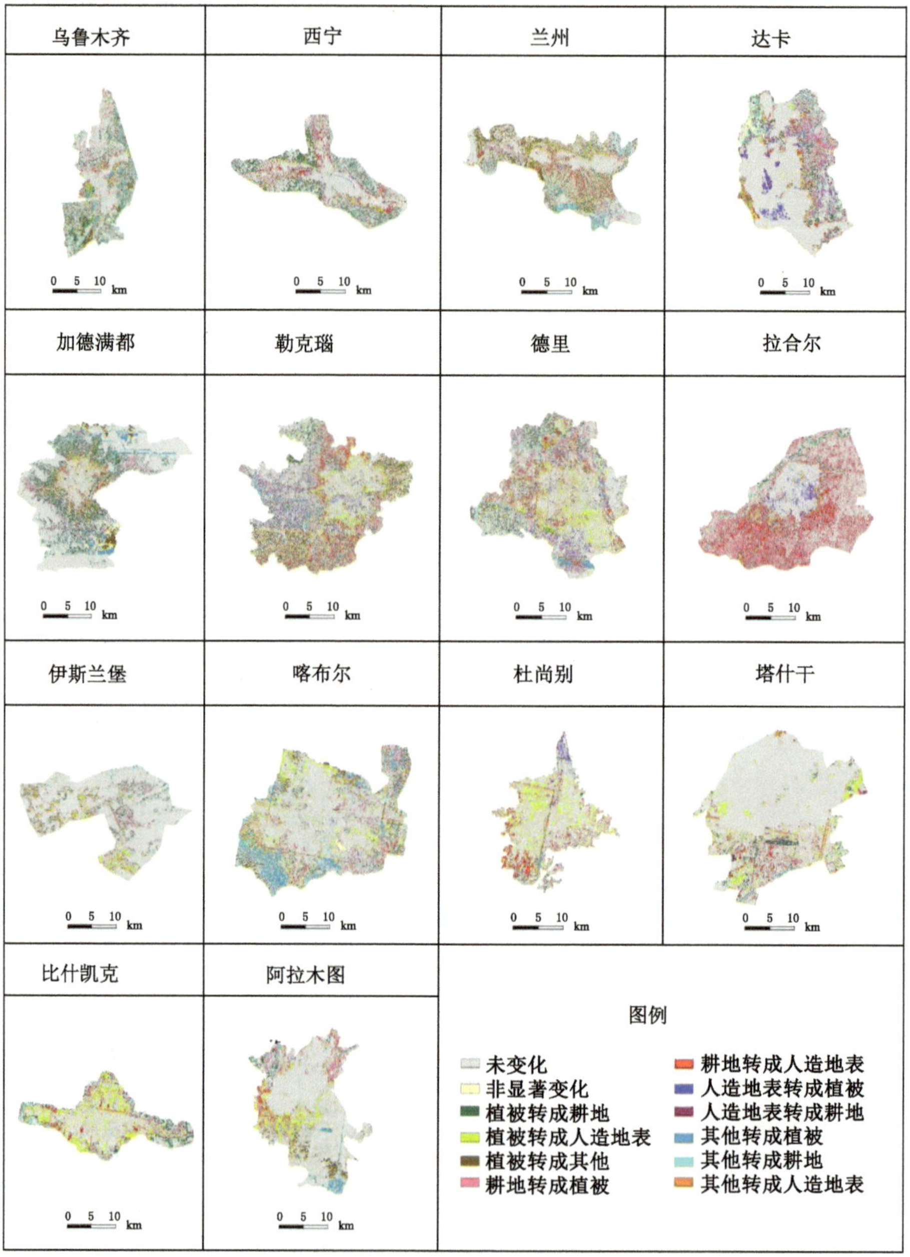

图 4-5　2000—2010 年泛第三极主要城市土地覆盖转换

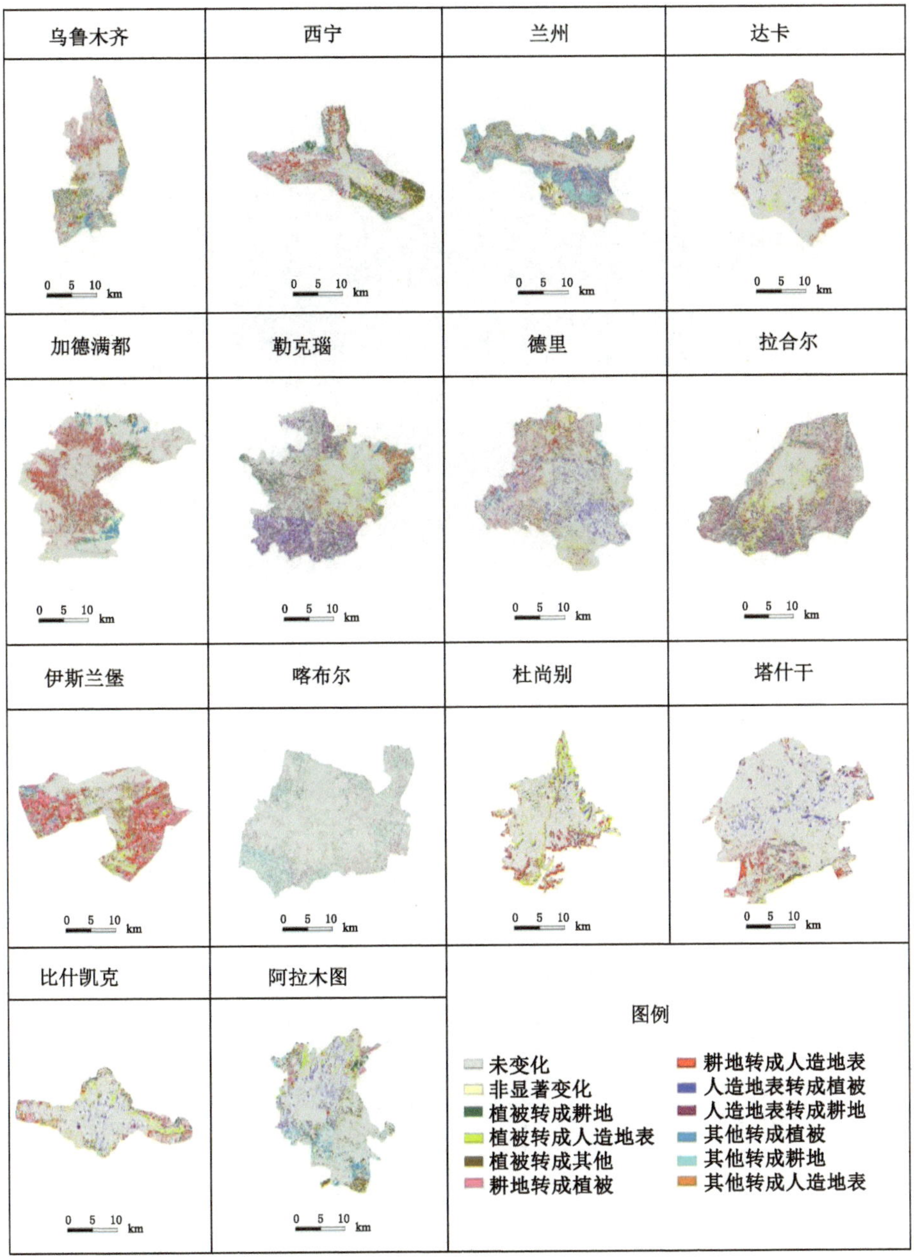

图 4-6　2010—2017 年泛第三极主要城市土地覆盖转换

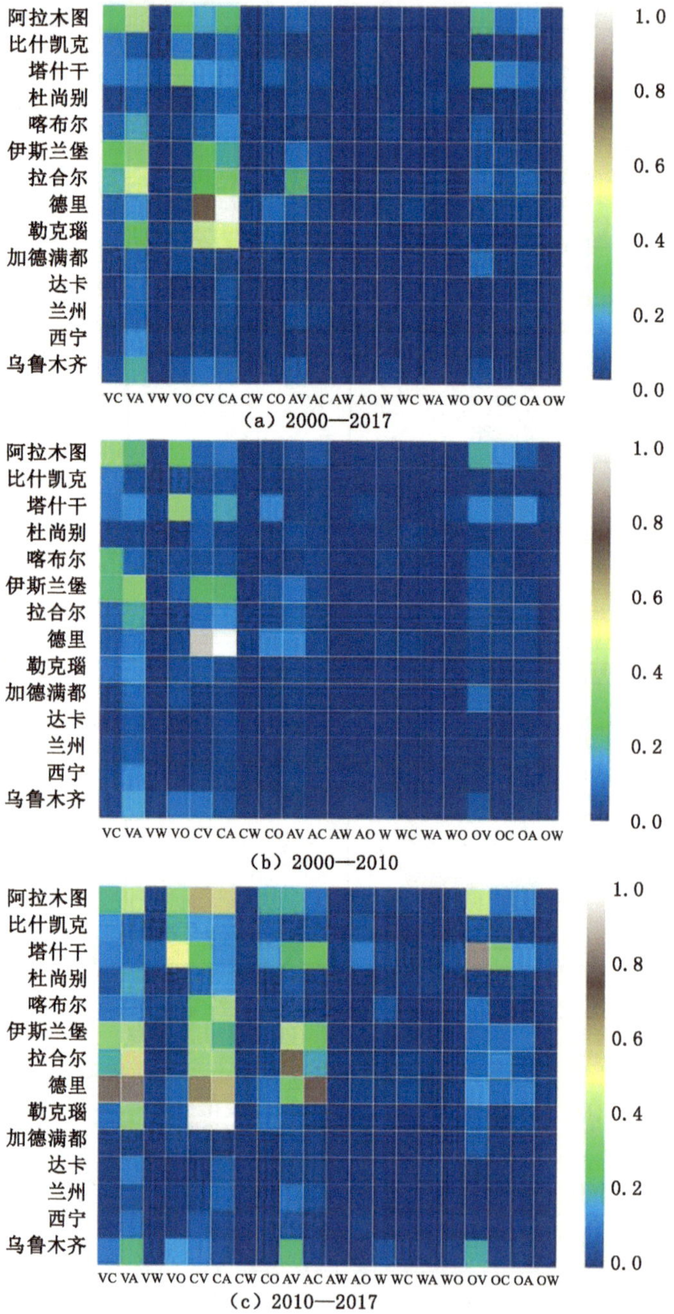

(a) 2000—2017

(b) 2000—2010

(c) 2010—2017

图 4-7 各城市归一化土地覆盖转换面积

从图 4-4、图 4-7 和表 4-2 可以看出，在整个研究时段中，泛第三极主要城市人造地表主要由植被和耕地转换而来，两个具体研究时段也表现出相似的转换结果(图 4-5 和图 4-6)。从空间角度分析，城市扩张的位置多发生在已有建成区周边区域，主要是因为距离建成区越近的位置，基础设施越完善，扩张成本越低，因此泛第三极主要城市总体表现了由中心向四周发散扩张的趋势，这种扩张现象普遍存在于发展中国家。城市周边的植被和耕地通常分布在地势缓和的区域，转换为建成区难度较小，尤其是耕地，经过人工改造后通常具有地势平坦、占地面积大的特征，这些特征进一步降低了城市扩张所需土地转换的难度。

表 4-2　泛第三极主要城市 2000—2017 年主要土地覆盖转换统计

城市	土地覆盖转换面积/km^2									
	VC	VA	VO	CV	CA	AV	AC	OV	OC	OA
乌鲁木齐	74.17	123.95	87.76	55.36	71.31	23.10	11.04	67.38	26.53	37.31
西宁	30.36	19.75	34.86	13.54	27.68	3.36	6.11	2.96	2.12	1.86
兰州	33.17	36.81	107.30	45.83	41.78	9.85	13.22	94.86	39.17	29.04
达卡	5.19	22.21	0.52	15.12	25.23	11.80	4.13	3.02	3.36	6.57
加德满都	23.57	57.43	7.53	20.60	41.63	4.52	1.68	21.20	2.78	2.57
勒克瑙	78.63	110.10	4.31	84.70	61.76	29.91	12.12	15.32	11.57	7.29
德里	60.62	144.73	4.14	77.00	103.05	69.42	13.41	29.84	17.33	25.62
拉合尔	21.52	46.05	5.72	220.65	307.16	21.43	8.93	9.84	9.47	10.90
伊斯兰堡	16.06	89.44	11.57	136.21	145.21	5.82	2.17	5.85	0.62	6.79
喀布尔	5.90	26.17	13.49	7.75	7.96	5.84	2.70	30.86	4.53	9.58
杜尚别	1.54	30.07	0.35	0.97	16.92	3.62	1.93	0.35	0.14	3.79
塔什干	4.23	26.06	1.30	2.85	14.29	12.48	5.93	0.52	0.46	4.14
比什凯克	4.43	43.36	2.53	6.96	10.20	2.12	0.38	1.30	0.79	2.98
阿拉木图	13.73	61.12	19.20	29.91	25.95	20.08	1.08	13.14	1.36	3.12

城市化是一个农业人口不断转变为非农业人口的过程。快速的城市化进程中，城市在短期内涌入大量人口，考验着城市的管理水平。在泛第三极主要城市中，城市化进程造成了城市周边大量耕地的流失，加上城市人口的增多，粮食安

全已经成为城市发展必须面临的挑战。为降低粮食安全问题的风险，部分泛第三极城市在城市建成区扩张的同时，也推动了耕地的扩张。由图 4-4 和表 4-2 可以发现，2000—2017 年期间，乌鲁木齐、西宁、兰州、加德满都、勒克瑙、德里、喀布尔等城市存在比较明显的耕地转入，西宁的新增耕地主要由城市周边的植被转换得到，其余城市的新增耕地主要基于城市周边的其他地类转换。图 4-5 和表 4-3 也反映了泛第三极主要城市的周边存在耕地转入的现象，与整个研究时段不同的是，在 2000—2010 年期间，乌鲁木齐、加德满都、德里、比什凯克等城市的新增耕地主要通过植被转换而来，考虑到这个阶段是泛第三极主要城市快速扩张的时段，部分城市存在激进扩张的情况，建成区周边耕地的侵占会引起更多新的耕地开垦，而植被生长的区域一般比较适合农作物生长，从而促进了植被向耕地的直接转换。

表 4-3　泛第三极城市 2000—2010 年主要土地覆盖转换统计

城市	土地覆盖转换面积/km²									
	VC	VA	VO	CV	CA	AV	AC	OV	OC	OA
乌鲁木齐	109.91	66.74	88.74	22.15	29.77	12.44	16.83	57.77	38.81	19.38
西宁	30.92	12.84	14.47	11.28	14.87	3.87	5.76	2.86	3.33	1.40
兰州	30.48	39.67	111.54	23.04	54.08	4.37	7.96	38.33	28.01	42.81
达卡	9.08	9.40	1.70	18.95	8.33	10.97	7.22	4.16	5.63	2.07
加德满都	66.56	24.86	12.16	17.02	15.02	4.00	9.11	17.57	4.75	0.56
勒克瑙	65.31	105.82	20.79	70.08	68.80	30.02	10.84	15.91	9.93	6.84
德里	22.10	57.01	6.77	28.11	39.66	23.46	7.56	15.40	7.76	12.61
拉合尔	19.20	32.51	10.65	268.58	291.55	40.97	10.29	9.42	9.91	8.19
伊斯兰堡	26.21	43.57	14.19	19.47	14.24	7.97	6.00	5.58	1.42	4.41
喀布尔	6.22	27.88	15.03	6.85	8.97	5.41	2.59	27.70	4.84	10.01
杜尚别	1.76	20.49	0.25	3.07	8.48	3.29	0.99	1.30	0.23	2.25
塔什干	6.56	21.55	0.41	2.40	8.24	2.54	3.24	1.15	0.67	3.65
比什凯克	9.36	40.45	0.94	5.15	8.95	4.73	1.20	0.97	1.75	2.29
阿拉木图	9.03	49.18	28.64	28.54	17.01	2.98	0.31	16.33	1.66	2.38

图 4-6 显示了 2010—2017 年泛第三极主要城市土地覆盖转换的空间分布情况，结合表 4-4 可发现该阶段城市扩张相对缓慢，仅加德满都、伊斯兰堡和杜尚别等城市存在明显的植被或者耕地转为人造地表现象。与此同时，部分城市甚至出现了人造地表反向转换成植被的现象，转换比较显著的城市包括兰州、勒克瑙、德里以及阿拉木图等城市，这表明随着城市化进程的不断推进，部分泛第三极城市不再沿用 2000 年初的激进扩张模式，在保证城市继续发展的同时，也兼顾了城市环境保护问题。城市植被面积的增多可能是因为城市建设采取了基于自然(Nature-based)的发展策略[42,163-164]，在城市内部增加了树木种植以及绿色公园构建等方案[165-166]。

表 4-4　泛第三极主要城市 2010—2017 年主要土地覆盖转换统计

城市	土地覆盖转换面积/km^2									
	VC	VA	VO	CV	CA	AV	AC	OV	OC	OA
乌鲁木齐	30.33	60.34	52.72	86.05	79.11	27.86	13.29	63.13	13.80	17.69
西宁	19.28	11.83	27.97	21.72	19.81	4.28	7.59	7.91	4.61	2.52
兰州	16.75	13.41	71.92	40.05	19.68	32.62	42.68	118	49.08	20.66
达卡	8.13	25.58	1.20	11.44	21.82	8.50	2.73	2	1.41	2.98
加德满都	14.03	18.22	5.37	40.25	56.67	5.03	1.89	14.62	0.79	0.64
勒克瑙	51.80	56.87	4.54	54.46	30.02	58.58	45.00	12.94	13.70	15.46
德里	27.53	76.41	3.45	53.50	54.13	97.48	25.79	12.73	18.54	7.86
拉合尔	112.01	115.26	11.92	92.28	84.04	47.04	109.98	21.24	13.59	16.49
伊斯兰堡	12.90	53.58	9.45	137.58	139.58	9.20	2.94	10.83	1.15	6.05
喀布尔	1.84	3.45	5.23	3.03	1.51	5.97	2.45	9.55	1.52	1.06
杜尚别	1.16	16.59	0.35	0.57	9.30	4.80	3.11	0.10	0.07	0.71
塔什干	2.17	8.02	1.66	4.07	11.11	14.07	6.64	0.26	0.29	0.32
比什凯克	2.70	13.77	1.29	8.98	5.40	8.15	2.11	0.64	0.29	1.25
阿拉木图	14.46	30.73	22.62	15.36	5.66	32.13	2.33	27.65	2.08	1.87

图 4-8 定量描述了泛第三极主要城市总体的土地覆盖转换情况。图(a)、(b)、(c)分别代表不同研究时段的土地覆盖转换；英文字母的含义与图 4-7 一

致;不同颜色分别代表不同地类的转换;线条宽度代表转换面积,线条越宽表明该类转换面积越大。该图可以更加直观地反映泛第三极主要城市总体扩张主要基于植被和耕地的转换。根据图 4-8 和表 4-2 可知,2000—2017 年期间分别有 837.3 km^2 的植被和 900.1 km^2 的耕地转换成人造地表,在所有转换成人造地表的地类中,两者占据了其中的 90.7%;在 2000—2010 年阶段,转换成人造地表的土地类型中植被和耕地分别为 552 km^2 和 588 km^2,贡献了 89.6% 的人造地表转入;2020—2017 年期间城市扩张速率有所减缓,因此植被与耕地转入人造地表的面积也同时减少,分别为 504.1 km^2 和 537.9 km^2,但两种地类依然是主要的转入类型,占据了人造地表总转入量的 90.6%。

综上可知,泛第三极主要城市扩张造成了较为严重的植被与耕地流失,流失区域多集中在城市建成区的周边,城市内部及周边生态环境可能会遭受到较大的负面影响。

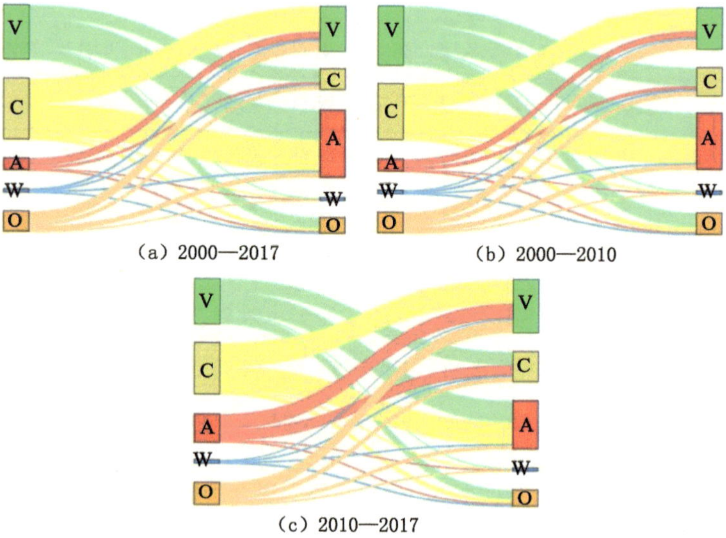

(a) 2000—2017　　(b) 2000—2010

(c) 2010—2017

图 4-8　泛第三极主要城市总体土地覆盖转换概况

4.2.2　泛第三极主要城市植被和耕地的流失

根据上文讨论可知,泛第三极主要城市的扩张基于植被和耕地向城市人造地表的转换。本节主要关注城市化引起的植被与耕地退化问题,从两种地类面积变化的角度分析城市化造成的环境影响。

根据泛第三极主要城市植被、耕地面积统计数据(表 4-5)可知,在整个研究时段内，研究区城市耕地共计减少 1 131 km^2，同期植被面积减少了 265 km^2，耕地损失面积是植被流失面积的 4 倍以上，该结果与转入人造地表的面积反差较大。上文统计结果表明，2000—2017 年期间转入人造地表的植被和耕地面积分别为 837.3 km^2 与 900.1 km^2，两者相差不大，主要原因是其他几种土地类型转成植被的面积高于转成耕地的面积，一定程度上减轻了植被的减少趋势；2000—2010 年阶段，植被和耕地的流失面积分别是 462 km^2 和 627 km^2，耕地的减少面积仍大于植被；2010—2017 年期间，耕地面积持续减少，该阶段耕地流失面积达到 504 km^2，与 2000—2010 年不同，植被通过其他几种地类的转入，其面积增加了 197 km^2。

表 4-5　泛第三极主要城市 2000 年、2010 年、2017 年植被、耕地面积统计

城市	植被/km^2			耕地/km^2		
	2000	2010	2017	2000	2010	2017
乌鲁木齐	510	337	370	409	514	379
西宁	135	94	69	82	93	72
兰州	447	324	407	193	143	167
达卡	42	58	45	62	57	35
加德满都	391	324	350	88	136	52
勒克瑙	478	400	414	298	226	249
德里	452	364	422	450	395	356
拉合尔	111	372	293	1312	752	796
伊斯兰堡	320	269	349	392	389	114
喀布尔	122	111	119	53	47	47
杜尚别	36	21	9	21	12	7
塔什干	41	19	26	26	26	19
比什凯克	66	26	26	31	29	18
阿拉木图	389	349	359	72	33	30

根据以上分析可知，虽然植被和耕地转入人造地表共同促进了泛第三极主要城市的扩张，但随着时间的推进，两种地类的减少趋势也发生了改变。其中耕地在整个研究时段和两个具体研究时段一直是减少趋势，在第一个具体阶段耕地年均损失面积为 62.7 km^2，第二阶段增至 72 km^2/年，表明城市周边耕地流失问题在泛第三极主要城市扩张进程中越来越严重。相对于耕地的持续减少趋势，植被在两个具体研究时段经历了先减少后增加的变化过程，第二阶段的增加

趋势表明泛第三极城市扩张过程中意识到了植被对生态环境保护的重要性，但这种趋势进一步加大了城市周边耕地的流失速度。即便如此，泛第三极主要城市总体上是朝着良好的方向发展，有助于城市可持续发展目标的实现。

在具体城市层面，由表 4-5 可知，2000—2010 年期间，仅有达卡和拉合尔的植被面积存在增加趋势，其余城市均为减少趋势，其中乌鲁木齐和兰州植被减少最为显著，10 年间植被面积分别减少了 173 km^2、123 km^2，德里在此期间植被面积也缩减了 88 km^2，其余城市的植被减少面积分布在 11～78 km^2之间；在 2010—2017 年阶段，超过 10 个城市的植被面积有所回升，其中兰州和伊斯兰堡的植被面积增加显著，分别增加了 83 km^2和 80 km^2，这可能与当地政府提倡的植树造林发展政策有关；另外，西宁、杜尚别两个城市的植被面积持续减少，达卡和拉合尔的植被面积也表现出下降趋势，尤其是拉哈尔，该阶段拉合尔植被面积减少了 79 km^2，该城市未来发展需要更加注意对植被的保护。总体而言，泛第三极主要城市的植被面积在 2000—2010 年阶段流失严重，而在 2010—2017 年阶段，研究区多数城市的植被面积有所回升。

泛第三极主要城市的耕地面积在 2000—2010 年和 2010—2017 年存在持续减少趋势，其中在 2000—2010 年阶段，11 个城市经历了耕地减少的趋势，耕地减少最明显的拉合尔，在此期间其耕地面积减少了 560 km^2，该阶段拉合尔也经历了比较显著的城市扩张，大量的耕地转换成了人造地表，其他 10 个城市的耕地减少面积分布在 5～55 km^2之间，同时，乌鲁木齐、西宁、加德满都等城市的耕地面积有所增加，其中乌鲁木齐耕地面积增加显著，达到 105 km^2；与 2000—2010 年阶段相比，2010—2017 年耕地面积持续减少的城市包括达卡、德里、伊斯兰堡、杜尚别、比什凯克和阿拉木图等，在此期间 10 个城市的耕地面积存在减少趋势，其中伊斯兰堡、加德满都和乌鲁木齐耕地减少面积最明显，分别为 275 km^2、135 km^2和 84 km^2，其他 7 个城市耕地减少面积介于 3～39 km^2之间，同期的拉合尔、兰州和勒克瑙等三个城市的耕地面积存在小幅度的上升。总体来看，泛第三极主要城市的耕地面积在两个研究时段一直在减少，而且随着城市化进程的不断推进，其减少速度有所加快。

综上分析可知，泛第三极主要城市的扩张导致了植被和耕地的流失，多数城市的植被面积在 2000—2010 年期间流失严重，然而随着城市化进程的推进，多数城市的植被面积有所回升，该变化有助于研究区城市的生态环境保护。值得注意的是，西宁和杜尚别两个城市的植被面积在两个具体研究时段保持持续减少趋势，拉合尔在第二个阶段也出现了显著的植被面积减少现象，为保证城市健康发展，这三个城市在未来发展中应加大对植被的保护力度。在不同研究时段中，耕地流失问题在每个城市的扩张进程中均有体现，耕地面积一直减少的城市包括达卡、德里、伊斯兰堡、杜尚别、比什凯克和阿拉木图，其中值得重视的是伊斯兰堡，该城市在第二阶段的耕地流失速度较快，需要及时制定有效的耕地保护政策。由于城市近郊区域的耕地是城市粮食和蔬菜的供应地，持续的耕地流失对城市粮食安全会造成严重的影响，粮食供应是城市稳定的基本保障，因此，泛第三极主要城市应根据当前发现的耕地流失问题，制定相应的保护政策，如划定耕地保护红线，避免城市未来发展遭遇粮食危机问题。

4.3　城市快速扩张造成的影响

泛第三极主要城市的快速扩张为城市管理和生态环境保护增加了压力。由于研究区城市都位于发展中国家，多数城市的政府部门对城市扩张建设的财力支持有限，城市无法及时地为短期内涌入的大量人口提供足够的住所，为满足基本的生活需求，部分城市产生了无序扩张的现象，进而导致城市贫民窟人口增多。另外，城市扩张引起的耕地和植被流失也造成了严重的生态环境退化等问题。

4.3.1　城市贫民窟人口增多

2000 年以来，泛第三极主要城市人口持续增长，根据 LandScan 全球人口动态统计分析数据库提取的人口数量(图 4-9)可知，2000 年泛第三极主要城市人口约为 2 633 万，2017 年城市人口达到 5 240 万，研究区人口在短短的 18 年时间内翻了一倍，为城市有秩序地发展增加了难度。大部分城市新增人口源于农业剩余劳动力，多数人由于经济条件差而进城务工，因此无力购置基础设施比较完善的住房。为满足基本生活，新增人口通常会选择城市周边相对廉价的土地，将其改造成居住环境较差的非正式住房，连片的非正式住房形成了贫民窟。相对于城市内部正式的住宅区，贫民窟卫生条件较差，安全用水不足，房屋建筑存在安全隐患，而且人口密度较大，居民生活空间狭小[167-170]。

2012 年联合国人类住区规划署(United Nations Human Settlements Programme，UN-Habitat)的报告指出[171]，约 33%的发展中国家的城市人口生活在贫民窟，人口数量达到 8.63 亿。城市人口中贫民窟人口比例较大的区域包括了亚洲大多数地区，其中在包含本书研究区城市的南亚地区贫民窟人口比例高达 35%，在全球所有地区中排名第二。根据已有研究数据发现[172]，部分泛第三极主要城市所在的国家也存在较高的贫民窟人口比例，截至 2014 年年底，巴基斯坦的贫民窟人口占据了城市人口的 45.5%，尼泊尔和孟加拉的贫民窟人口比例更高，分别达到了 54.3%和 55.1%，意味着过半的城市人口在环境恶劣的贫民窟

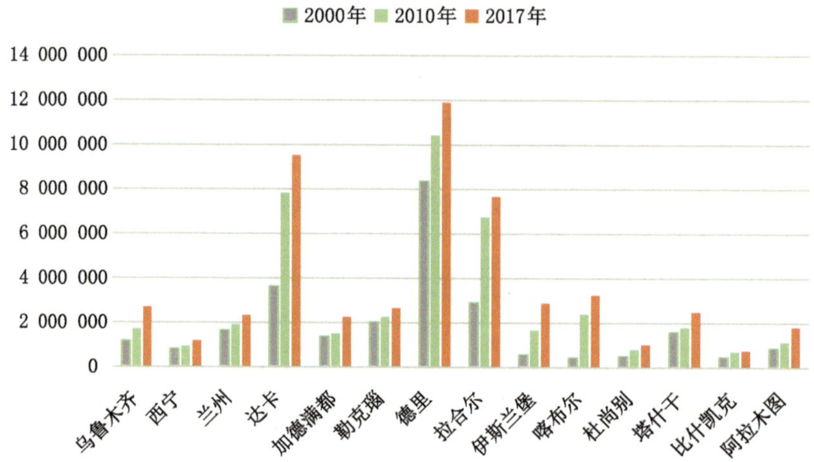

图 4-9　泛第三极主要城市 2000/2010/2017 年人口统计

中生活。近些年发展中国家城市的贫民窟人口比例有下降趋势[173]，全球尺度上，城市贫民窟人口比例由 2000 年的 39%下降至 2014 年的 30%。但是由于城市人口的增多，贫民窟实际居民仍处于上升趋势，2000 年贫民窟人口约为 7.92 亿，2014 年则上升至 8.8 亿。

因此，随着城市人口的持续增多，部分泛第三极主要城市贫民窟的人口也将持续增加。位于巴基斯坦的拉合尔、伊斯兰堡，位于尼泊尔的加德满都，位于孟加拉国的达卡以及位于印度的德里和勒克瑙等城市已经属于贫民窟人口较多的城市，为应对城市贫民窟人口继续增加的挑战，上述城市以及人口快速增长的其他泛第三极主要城市应综合考虑城市的人口容纳能力，限制外来人口数量；同时合理规划城市发展空间，在贫民窟原有的基础上，改造升级现有贫民窟的生活条件，完善原有居民基本的生活设施；政府引导并迁移贫民窟人口，有条件地为低收入人口提供保障性住房，并提供相应的就业机会。

4.3.2　城市植被和耕地流失对城市环境的影响

泛第三极城市的扩张主要侵占了城市周边的植被与耕地，进而推动了其他地类之间的相互转换，改变了土地覆盖的分布和局地环境。由于研究区位于青藏高原周边的高海拔区域，青藏高原是亚洲多数大江大河的发源地，生态环境脆弱，局地环境的变化可能引起与气候变化相关的自然灾害，造成更广泛的影响。

植被和耕地在防止水土流失[174]、调节局地气候[175]方面具有不可替代的作用。泛第三极主要城市周边的植被和耕地的大量流失不利于水土保持，城市人造地表面积的增多也改变了地表的水热循环过程，由此引起的生态环境退化问题将对城市安全产生重要的影响。城市扩张过程中，大部分植被和耕地转换成人造不透水面，不透水面深刻改变了下垫面特性，新覆盖的建筑物表面、柏油路以及水泥路面比之前的植被和耕地具有更高的吸热率与更低的比热容，容易产生热岛效应[176-178]，引发城市高温热浪灾害[179]。基于气象监测站点计算的“一带一路”1989—2018 年逐日体感温度研究表明[180]，南亚地区每年的高温热浪频次超过 6 次，而且持续时间超过 60 天，严重影响城市正常的生产生活活动。另外，不透水面会阻止水的下渗，影响自然地表的蒸散作用[181]和地表径流[182]，显著改变自然状态下的水文循环过程[183]，进而引发城市内涝等严重问题[184]。

由于泛第三极地区的主要城市环绕于青藏高原周围，其城市扩张过程中产生的局地气候变化效应，更容易扩散影响附近的青藏高原区域，在全球变暖的背景下，这一过程进一步加剧了青藏高原遭受气候变化带来的风险。已有研究表明，青藏高原地区是全球对气候变化最敏感的区域，在过去的 50 年里，青藏高原地区的变暖速率是全球变暖速率的两倍[185]。快速提升的温度加速了青藏高原冰川和常年积雪的消融，并因此产生了大量的冰湖[186]。这些冰湖海拔位置较高，一旦溃决引发洪水将造成不可估量的损失[187]。基于 Landsat 影像提取青藏高原冰湖的研究指出，2000 年泛第三极区域冰湖面积大于 0.003 km^2 的数量为 4 981 个，2010 年增长到 5 701 个[188]。冰湖的快速扩张将会增加冰崩与冰湖溃决爆发的频次，严重威胁着下游居民的生命财产安全。据文献报道，2016 年 7 月 17 日和当年的 9 月 21 日，西藏阿汝 53 号冰川和 50 号冰川发生冰崩，共造成 9 名当地居民死亡以及数百头牲畜被埋的严重后果，洪水的冲击也导致了当地优质草场的毁坏[189]；2018 年 10 月 16 日，雅鲁藏布江中下游色东普沟也爆发冰崩，冰崩携带的冰碛物致使雅鲁藏布江断流和水位上涨，形成冰崩堰塞湖，同样的灾害在 10 月 29 日再次发生，两次灾害均对上游的沿岸居民点和交通道路造成了巨大破坏[190]。由此可见，青藏高原地区生态环境非常脆弱，泛第三极主要城市未来发展需要采取相关的气候变化应对措施，尽量减少对泛第三极地区的影响。

随着全球变暖加剧，青藏高原的冰川消融也在加速，进而导致发源于“亚洲水塔”河流径流增加。短期内河流径流增加可以缓解下游地区用水压力问题，但长远看来，冰川的持续退化将会严重影响河流径流，导致未来可用水资源量减少[191]。已有研究表明，如果未来气温升高 1.5℃，21 世纪末青藏高原的冰川储量将减少 37％左右，根据典型浓度排放路径（representative concentration pathways，RCP）不同情景预测，青藏高原及其周边地区的冰川退化分别达到 49％（RCP4.5）、51％（RCP6.0）和 64％（RCP8.5）[192]。虽然当前“亚洲水塔”区域的冰川径流在持续增加，但所有的冰川径流将在2070年之前出现“拐点”[193-194]，导致冰川融水补给的河流径流减少，引发水资源短缺问题[195]。泛第三极主要城市多属于干旱和半干旱气候，降雨量较少，对河流径流提供的水资源依赖性很高。高亚洲地区超过一半的区域将面临中等到极高程度的水资源压力[196]，以巴基斯坦为例，该国抽取了印度河流域河道内约95%的流量来维持周边2.37亿人口的用水需求[197]，随着流域人口的不断增长，区域水资源压力也将持续增加。泛第三极主要城市均位于高亚洲地区，未来可用水资源短缺将会严重制约该区域社会经济发展。为满足日益增长的人口和城市发展的需求，泛第三极国家之间甚至可能引发水资源争夺冲突，严重影响社会稳定[198]。“亚洲水塔”是亚洲多数河流下游地区近20亿居民的重要水源[195]，河流水资源量变化影响范围广泛，因此位于上中游的泛第三极城市应积极主动提升水资源利用效率，合理分配水资源用量，同时提倡节约用水，大力开展城市节水集水工作，循环利用水资源，尽最大努力避免因城市扩张造成广泛的水资源紧缺问题。

4.4 本章小结

本章主要分析了泛第三极主要城市的扩张情况及其影响。通过扩张率对比发现研究区城市扩张迅速，在2000—2017年整体研究时段以及2000—2010年和2010—2017年两个具体研究时段的扩张率都高于亚洲和全球平均增速。基于土地覆盖转换的分析表明，泛第三极主要城市的扩张源于城市周边植被与耕地的流失，尤其是耕地，耕地的流失面积一直显著高于植被减少的面积；由于植被和耕地对城市及其周边生态环境保护意义重大，本书在研究区整体层面和具体城市层面上进一步讨论了两种地类变化趋势，发现该区域多数城市在近期城市扩张进程中加大了植被保护力度，植被面积在2010—2017年阶段有所回升，该发现表明泛第三极主要城市近期的发展方向有益于城市可持续发展；同时分析了耕地持续流失对城市粮食安全的影响，并根据城市发展过程中存在的问题提出了相关建议。本章最后讨论了泛第三极主要城市扩张对城市居民、生态环境以及未来可用水资源量的影响，挖掘出当前城市扩张存在的主要问题，包括城市扩张造成贫民窟人口持续增多、基于耕地和植被转换的城市扩张可能造成比较严重的城市热浪问题以及区域气候变化相关的自然灾害问题，同时也指出城市扩张引起的气候变化将可能严重影响研究区未来可用水资源量，加剧水资源短缺风险。基于以上问题，本书提出了相关的城市未来发展建议。

第 5 章　泛第三极主要城市扩张驱动因子分析

泛第三极主要城市扩张驱动因子分析主要基于人造地表扩张数据、驱动要素数据以及二元逻辑回归模型。本章首先根据模型输出的显著性水平将驱动因子分为显著影响、相对显著影响和不显著影响三个类别，然后根据驱动因子显著和相对显著影响的城市数量，将影响过半数量城市的因子定义为泛第三极主要城市扩张的主导因子，进而分析各主导因子和非主导因子对城市扩张的驱动机制。

5.1　驱动因子分析模型

二元逻辑回归模型可以构建二分类因变量与自变量之间的回归关系，进而定量输出自变量对因变量的影响程度。考虑到城市扩张是一个多种要素共同驱动的复杂过程，该非线性回归模型可以有效量化驱动要素对城市扩张的影响程度[199]，因此本书选用二元逻辑回归模型分析泛第三极主要城市扩张的驱动因子。模型原理描述如下。

$$\ln\left[\frac{p(y=1 \mid X)}{1-p(y=1 \mid X)}\right]=\beta_0+\sum_{i=1}^{m}\beta_i x_i+\varepsilon \tag{5-1}$$

$$p(y=1 \mid X)=\exp(\beta_0+\sum_{i=1}^{m}\beta_i x_i)/(1+\exp(\beta_0+\sum_{i=1}^{m}\beta_i x_i)) \tag{5-2}$$

式中　$p(y=1 \mid X)$—— 事件发生概率；

β_0 和 β_i—— 回归系数；

m—— 自变量个数；

ε—— 随机分布残差项。

本书将城市扩张数据作为模型因变量。为生成二分类输入数据，首先将泛第三极主要城市土地覆盖数据转换成建成区和非建成区，具体操作包括保留人造地表为建成区，融合植被、耕地、水体以及其他为非建成区。然后按照模型要求在各城市内部设置一定数量的采样点，考虑到部分驱动要素数据空间分辨率是 1 km，为保证样本的代表性，各采样点之间最小距离设置为 1 km。然后利用采样点提取各城市 2000 年和 2010 年二分类土地覆盖数据，之后对比采样点提取的属性值，属于 2010 年新建城区的采样点重新赋值为 1，其余采样点重新赋值为 0，由于模型要求因变量数据中 0 和 1 数量相同，最后需要随机删除多余部分的 0 或者 1 采样点。2010—2017 年驱动因子分析采取同样的采样手段。

本书选取的 7 个驱动要素作为模型自变量进行输入，包括人口、人均 GDP、$PM_{2.5}$、海拔、坡度、到主要道路距离、到主要河流距离等。驱动因子数据通过设置好的采样点进行提取。模型的自变量和因变量数据准备好之后，利用 SPSS 统计软件的二元逻辑回归工具分析泛第三极主要城市扩张的驱动因子。为证明模型计算的可靠性，本书采用接受者操作特征曲线（Receiver Operating Characteristic Curve，ROC）的线下面积（Area Under Curve，AUC）衡量回归模型拟合优度。

5.2 模型评价

模型的拟合优度决定了模型输出结果的可靠性，同时也侧面反映了模型输入因子的合理性程度。本书选用的 AUC 指标常用于评价二元逻辑回归模型的模型表现。AUC 的本质是 ROC 曲线下方的面积统计，ROC 曲线是一个坐标图分析工具（图 5-1），可利用模型计算的真正率和假正率坐标系进行表示。其中，横坐标假正率表示模型预测的正分类在所有负类中所占的比例，纵坐标真正率表示模型预测的正分类在所有正类中的比例。ROC 曲线越接近坐标系的左上角，表明模型越可靠。基于 AUC 概念可以理解为 AUC 值越接近于 1，模型拟合优度越好。

图 5-1 中根据模型输出计算的 AUC 结果在两个具体研究时段均大于 0.74，可初步判断模型在本书中具备较好的适用性。在 2000—2010 年阶段，AUC 分布在 0.74 和 0.94 之间，选取的 14 个城市中有 10 个城市的 AUC 值介于 0.8 与 0.9 之间，意味着二元逻辑回归模型能有效支持驱动因子分析工作；相似的结果出现在 2010—2017 年期间，该阶段计算的 AUC 值范围是 0.74～0.87，同样有 10 个城市的 AUC 值介于 0.8 和 0.87 之间，模型总体表现良好。总体而言，二元逻辑回归模型在两个分析时段可靠性很高，两个时段中，AUC 值高于 0.8 的城市数量占据了研究区城市总数的 70%。较高的 AUC 值表明本书选取的驱动要素比较合理，也证明了二元逻辑回归模型可以有效支持泛第三极主要城市扩张的驱动因子分析。

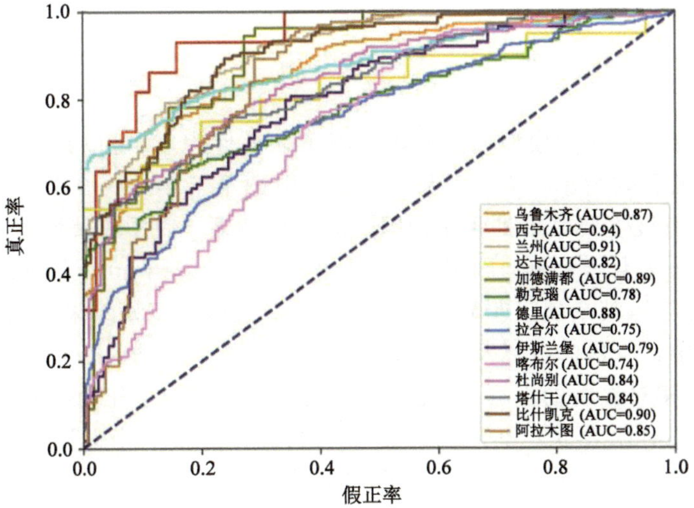

(a) 2000—2010

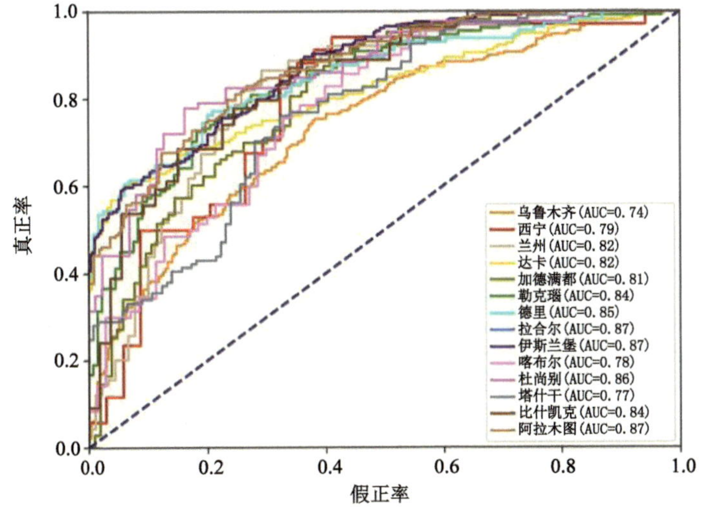

(b) 2010—2017

图 5-1　模型拟合优度

5.3 驱动因子分析

5.3.1 主导因子分析

根据二元逻辑回归模型输出的影响因子显著性程度，可以判定各影响因子对城市扩张的影响大小。表 5-1 和表 5-2 分别记录了 2000—2010 年和 2010—2017 年泛第三极主要城市扩张驱动因子的分析结果。表中显著性水平低于 5% 的驱动因子定义为显著驱动因子，显著性水平介于 5% 与 10% 之间的驱动因子为相对显著因子，其余属于非显著驱动因子。驱动因子识别结果表明，在两个具体研究时段中，人口、海拔以及到主要道路距离等三个驱动因子对多数城市扩张产生了显著、相对显著的影响，因此本书将这三个驱动因子作为研究区城市扩张的主导因子。对比表 5-1 和 5-2 发现，不同城市在城市扩张进程中主导因子不同，而且，随着时间的推移，同一个城市的主导因子也可能发生改变。

表 5-1　2000—2010 年泛第三极主要城市扩张驱动因子分析结果

城市	驱动因子(2000—2010)								
	常量	人口	人均 GDP	海拔	坡度	$PM_{2.5}$	到主要河流距离	到主要道路距离	AUC
乌鲁木齐	−2.09**	10.58	45.37	−0.23	−1.79	3.40**	−0.24	−1.89**	0.88
西宁	−4.66	28.13**	11.67	−2.65	−1.16	7.08	−2.87	−5.80	0.94
兰州	2.16**	59.78**	18.49	−4.21**	−2.11**	−0.59	−4.39**	0.01	0.91
达卡	1.29	3.96	−6.58	−3.09	1.57	−1.05	3.14	−2.55*	0.82
加德满都	2.56	7.91**	0.45	−14.16**	−4.95**	−1.26	2.15	−0.58	0.89
勒克瑙	0.37	30.34**	4.21	−0.32	0.31	−1.40**	−0.51	0.62	0.78
德里	−5.06**	53.91**	0.84	−1.18	−0.01	4.27	0.24	−1.59**	0.88
拉合尔	0.03	46.01**	2.31	−2.03**	0.56	0.45	0.76**	−1.30**	0.75
伊斯兰堡	−2.55*	5.77**	3.16**	−10.97**	−0.72	3.39**	1.98**	1.06	0.79
喀布尔	2.10**	4.08	10.91	−1.66	−2.35**	−1.33*	0.29	−3.36**	0.74
杜尚别	−0.58	7.80**	0.49	−2.27**	1.25	−0.38	2.29**	−2.37**	0.84

表 5-1(续)

城市	驱动因子(2000—2010)								
	常量	人口	人均GDP	海拔	坡度	$PM_{2.5}$	到主要河流距离	到主要道路距离	AUC
塔什干	−0.95**	8.30**	−0.63	−1.21	−0.47**	0.58**	−0.57	0.19	0.83
比什凯克	−5.08**	14.38**	0.28	1.88**	−1.13	4.16**	−1.08	−0.19	0.90
阿拉木图	1.34	0.25	−0.62	−3.27**	−2.81**	1.49	−3.91**	−1.57*	0.85

注：* 表示显著性水平小于 10%；** 表示显著性水平小于 5%。

表 5-2　2010—2017 年泛第三极主要城市扩张驱动因子分析结果

城市	驱动因子(2010—2017)								
	常量	人口	人均GDP	海拔	坡度	$PM_{2.5}$	到主要河流距离	到主要道路距离	AUC
乌鲁木齐	−1.57**	3.04**	0.67	0.62*	−5.10**	3.22**	0.91**	−1.32**	0.74
西宁	0.20	3.92	1.08	−0.19	−1.69	0.70	0.15	−3.47**	0.79
兰州	0.63	1.94	1.05	−3.52**	−1.51*	1.34	−0.38	−4.93*	0.82
达卡	−0.93	67.99**	0.58	1.27	−0.36	−0.39	0.81	−1.72**	0.82
加德满都	−0.68	−0.31	0.77	−9.53**	−3.30**	2.44	1.84	−0.56	0.81
勒克瑙	1.75	16.95**	0.76	−2.69**	−0.57	−0.50	−0.04	−2.21**	0.84
德里	−6.64*	96.39**	0.09	1.68	−1.23	4.83	−1.89	0.13	0.85
拉合尔	−2.88	45.05**	−0.63	−0.70	−0.52	2.27	0.33	−1.11*	0.87
伊斯兰堡	0.26	25.86**	1.83*	−5.28**	−2.42**	−0.12	−0.85	−1.24**	0.87
喀布尔	2.34*	4.12*	−0.23	−4.67**	1.53	−1.53	−0.13	−2.50**	0.78
杜尚别	0.37	9.20**	2.47	−2.40**	−0.78	0.57	−2.46**	−2.03**	0.86
塔什干	−0.34	11.86**	−1.40*	−3.22**	−0.07	0.33	0.72	−1.39**	0.77
比什凯克	−2.42	7.03*	4.98**	0.78	−3.02**	−1.91**	2.94	−0.05	0.84
阿拉木图	1.05	5.33	0.90	−4.79**	−0.83	0.00	−0.54	−0.64	0.87

注：* 表示显著性水平小于 10%；** 表示显著性水平小于 5%。

显著和非显著驱动因子在城市化过程中对城市扩张影响较大，图 5-2 展示了不同研究时段显著与相对显著因子在各个城市的分布情况，灰色背景显示的主导因子包括人口、海拔以及到主要道路距离。其中，人口在 2000—2010 年和 2010—2017 年两个阶段中均显著或相对显著地影响了最多数量的城市，是泛第三极主要城市扩张最重要的主导因子。在城市快速扩张的第一个阶段，人口作为正向驱动要素，显著促进了西宁、兰州、加德满都、勒克瑙、德里、拉合尔、伊斯兰堡、杜尚别、塔什干、比什凯克等 10 个城市的扩张；尽管城市扩张速率在第二个阶段有所减缓，人口的增长仍然显著促进了西宁、达卡、勒克瑙、德里、拉合尔、伊斯兰堡、杜尚别、塔什干等 8 个城市的扩张，同时相对显著地促进了喀布尔和比什凯克等两个城市的扩张。人口在两个阶段中都显著或相对显著地促进了研究区半数以上的城市发展，相对于海拔与到主要道路距离主导因子，人口对泛第三极主要城市扩张的影响更加显著和稳定。

作为泛第三极主要城市扩张的主导因子之一，海拔在多数情况下限制了城市的扩张，表明研究区城市多倾向于在低海拔位置扩建，海拔越高的位置越不易发生扩张。在两个具体研究时段中，均有一半城市在扩张进程中受到海拔的显著影响，其中，海拔因子在 2000—2010 年期间显著限制了兰州、加德满都、拉合尔、伊斯兰堡、杜尚别以及阿拉木图等 6 个城市的扩张，与之相反的是，海拔显著地促进了比什凯克的扩张，根据泛第三极主要城市扩张空间分布图(图 4-1)可知，2000 年比什凯克的城市化率已经很高，导致城市建设用地紧缺，随着城市的发展，迫使城市扩张发生在海拔相对较高的位置；2010—2017 年时段，海拔显著限制了兰州、加德满都、勒克瑙、伊斯兰堡、喀布尔、杜尚别、塔什干、阿拉木图等 8 个城市的扩张，同时也相对显著地限制了西宁的扩张；其中，兰州、加德满都、伊斯兰堡、杜尚别、阿拉木图等 5 个城市的扩张一直受限于海拔因子的影响。将近一半的城市持续被海拔制约发展，表明泛第三极主要城市的发展存在天然的阻碍。

到主要道路距离反映城市基础设施建设对城市扩张的影响。图 5-2 中，到主要道路距离因子在两个研究时段始终为负向驱动，意味着距离道路越近的地方，越容易发生城市扩张。其中，2000—2010 年期间，到主要道路距离因子显著促进了乌鲁木齐、德里、拉合尔、喀布尔、杜尚别等 5 个城市的扩张进程，同时相对显著地促进了达卡和阿拉木图的扩张；相对于第一个研究时段，到主要道路距离因子在 2010—2017 年阶段影响了更多的城市发展，其间该因子显著促进了乌鲁木齐、西宁、达卡、勒克瑙、伊斯兰堡、喀布尔、杜尚别、塔什干等 8 个城市的扩张，同时也相对显著地促进了兰州与拉合尔两个城市的扩张；越来越多的城市发展受益于道路的建设，表明基础设施的完善对泛第三极主要城市未来发展的促

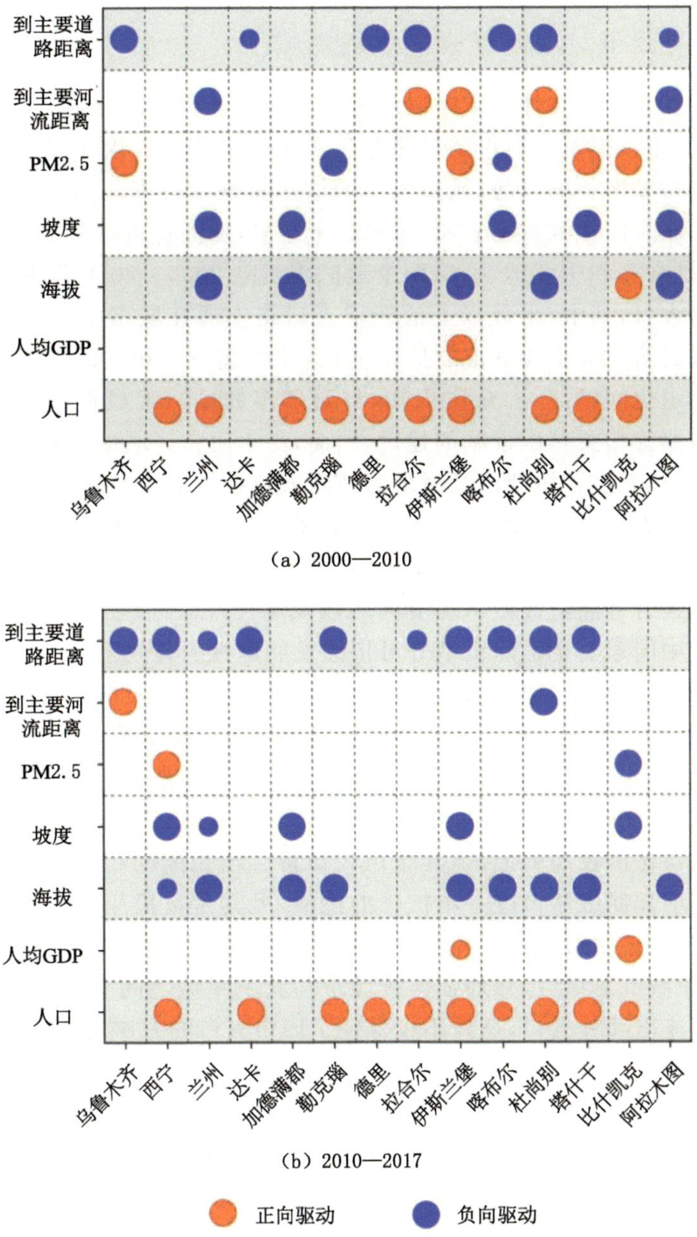

注：点的大小分别表示显著影响和相对显著影响程度。

图 5-2　驱动因子对城市扩张的影响程度

进作用越来越大。

5.3.2 主导因子对城市未来发展的影响

人口增长在两个具体研究时段均显著或者相对显著地影响了最多数量的城市扩张，对泛第三极主要城市的扩张起着决定性的作用。由于发展中国家仍然保持着人口持续增长的趋势，城市人口的增多将继续促进泛第三极主要城市的扩张进程。联合国预测数据表明，未来数十年里，亚洲将贡献大部分的全球人口增长，尤其是南亚和中亚地区，这两个地区将贡献2000—2050年期间亚洲70%以上的新增人口，其中，半数以上的新增人口将生活在城市中[78]。人口的增长会持续促进泛第三极主要城市的扩张进程，并引起与之相关的贫民窟人口增加和生态环境退化问题[200]。众所周知，日益增多的城市人口促进了房屋、学校、医院以及道路等相关基础设施的建设，然而，由于研究区城市均属于发展中国家城市，多数城市无法在短期内及时地为新增人口提供上述的基本生活条件，因此导致了贫民窟人口的迅速增多。贫民窟的建设多基于城市附近地价相对低廉的耕地和林地，造成植被和耕地的流失问题。由于贫民窟卫生设施非常有限，较差的生活环境极有可能造成城市环境问题以及居民健康问题。尽管如此，城市化依然是发展中国家实现消除饥饿等可持续发展目标的有效手段。考虑到泛第三极主要城市人口的持续增多，在城市未来的发展过程中，人口增长仍将是本地区最显著的驱动要素，该发现与其他地区获取的研究结论一致[50,201]。

根据4.3.1小节结果可知，位于研究区的达卡、加德满都、德里、拉合尔、伊斯兰堡、塔什干和阿拉木图等城市人口增长迅速，而且这些城市所属的区域是全球贫民窟人口比例较高的地区，其城市人口持续增长的问题值得关注。面对城市人口持续增长促进城市进一步扩张的挑战，尤其是贫民窟人口数量增多的问题，泛第三极主要城市应合理控制城市人口数量，同时在城市中心可辐射的范围内，考虑构建城市卫星城，并加强连接城市与其卫星城之间交通设施的建设，从城市内部分流出部分人口，这样不仅保证了城市人口的有序增长，而且在一定程度上可以减弱高密度人口对城市环境的影响，有助于缓解城市管理压力和实现城市可持续发展目标。

泛第三极主要城市扩张的主导因子中，海拔是唯一的限制因子。受海拔制约扩张的城市数量由2000—2010年的6个增长到2010—2017年的9个，意味着海拔因子对研究区城市扩张的限制作用越来越显著，同时也表明多山的泛第三极城市可用建设用地已经越来越少。相对于海拔较高的山区，多数城市通常优先选择低海拔、地势平坦的区域开展建设，这样的选择不仅考虑了建筑的安全性，也大大降低了建设成本。因此，低海拔平坦区域容易城市化的共识也解释了海拔为何制约了泛第三极主要城市过去的扩张趋势。虽然海拔对泛第三极主要城市扩张的制约越来越显著，但随着建筑技术的不断提升，部分建设用地有限的城市已经开始采取了削山造城的扩建策略来扩大城市规模。以兰州为例，在过去的几年里，该城市已经夷平了城市附近 700 余座山峰的山顶，并形成了约 250 km^2 的平地用于城市建设[202]。削山造城的方式将显著改变区域水文径流过程[203]，并加剧水土流失程度以及山体滑坡等风险[204]，对生态环境造成恶劣影响。由于研究区城市仍呈现继续扩张的趋势，城市未来发展的建设用地更加紧缺，因此无法避免部分城市开始或者继续采用削山造城方式来扩大城市规模。毫无疑问，这种破釜沉舟式的发展将会严重影响泛第三极城市脆弱的生态环境，进而对下游区域的居民和生态环境造成更广的负面影响。因此，泛第三极主要城市应合理规划城市建设用地的数量和分布，避免产生影响城市可持续发展的扩张模式。

到主要道路距离因子是驱动泛第三极主要城市扩张的主导因子之一，而且随着时间的推移，其驱动影响更加显著。2000—2010 年期间到主要道路距离因子显著或相对显著地促进了近半数城市的扩张，2010—2017 年期间驱动的城市扩张数量为 10 个。通常而言，距离道路越近的区域，越容易发生城市扩张。主要原因在于靠近道路的位置获取发展资源越便利，而城市的发展离不开物资运输、人员流动，道路正是人员和物资流动的保障。道路加强了不同地区之间的联系，促进了地区之间的物资交换。为方便当地产品的交易和运输，多数城市选择在连接其他城市的高速公路、铁路附近建立交易市场，同时构建了仓库、住所等相关配套设施，因此促进了城市规模的扩大。另外，靠近主要道路的区域获得建设资源的成本相对较低，考虑到泛第三极主要城市位于发展中国家，政府支持城市建设的财力有限，这个原因也在一定程度上促进了研究区城市的扩张。随着欧亚经济共同体、上海合作组织、“一带一路”合作倡议等区域发展合作组织的成立，泛第三极地区将会建设更多的道路连接各大城市，密度增强的道路组网会进一步显著促进区域经济发展和城市化进程。因此，泛第三极主要城市应根据城市当前发展情况和建设用地资源状况，合理规划未来道路组网的空间分布，避免主要道路附近的城市扩张与有限的建设用地产生冲突。

5.3.3　非主导因子分析

人均 GDP、坡度、$PM_{2.5}$、到主要河流距离等 4 个驱动因子对城市扩张影响程度有限，在两个具体研究阶段，其显著影响和相对显著影响的城市数量均未达到城市总数的一半，因此本书将这 4 个驱动因子归类到非主导因子。其中，人均 GDP 通常是城市扩张的典型驱动因子之一，然而，该因子在泛第三极主要城市的整体扩张进程中并未表现出显著的促进作用，这可能是因为驱动因子分析模型同时计算了多个驱动因子的影响力，其他驱动因子在这个过程中多城市扩张的作用超过了人均 GDP 的作用，造成该因子对城市扩张的影响相对较小。尽管人均 GDP 对于泛第三极主要城市的扩张促进作用有限，但整体上对该区域的城市扩张起正向促进作用，该发现与之前的研究结论保持一致[50,205-207]。所有对城市扩张产生显著或者相对显著影响的坡度因子中，对城市扩张的作用都是负向影响，表明泛第三极主要城市过去的扩张倾向于选择地势相对平坦的区域，地势陡峭的位置不利于建筑施工，该结论符合基本常识。本书选择 $PM_{2.5}$ 因子来衡量城市经济和工业化水平对城市扩张的影响，按照大多数发达国家的发展经验，工业进步是促进城市发展的根本动力。然而，本书驱动因子分析结果表明，$PM_{2.5}$ 在不同城市的影响却不尽相同，对于泛第三极主要城市的整体影响力也随着时间的推进逐渐减弱。产生这个现象的原因在于，随着城市发展水平的不断提高，近些年来人们追求更好城市环境的意愿日益强烈，许多城市将重污染的工业从城市中迁移到远离城市的地区，导致工业对城市发展的影响力下降。在具体的城市层面，2000—2010 年阶段，$PM_{2.5}$ 对勒克瑙和喀布尔的扩张产生了负面影响，这可能与城市发展策略有关。喀布尔是一个基于农业发展的城市，工业化很有可能影响城市的扩张；勒克瑙是一个重视旅游业发展的城市，工业发展造成的污染将会严重影响城市环境，一定程度上会减少游客数量和服务行业收入，因此 $PM_{2.5}$ 对勒克瑙的城市扩张存在负面影响。人类文明多发源于河流沿岸，这是多数城市依河而建的主要原因，也意味着越靠近河流的区域，越可能较早地发生城市化，导致后续的城市扩张多发生在距离河流较远的区域。由表 5-1 和表 5-2 可发现，到主要河流距离对半数泛第三极主要城市的扩张是负面影响，表明城市扩张不再主要依赖于河流两岸位置；另外，到主要河流距离在 2000—2010 年期间对 5 个城市的扩张有显著影响，在 2010—2017 年间仅有两个城市的扩张受到该因子的显著影响，影响力的下降也从侧面反映了城市发展对河流依赖性的减弱。随着水利工程以及汲水设备的完善，城市供水可通过管道引流等方式完成，进一步降低了河流对城市发展的影响。

5.4 本章小结

本章利用二元逻辑回归模型定量识别了泛第三极主要城市扩张的驱动因子。本书介绍了评价模型的原理，并评估了模型的可靠性，评价结果表明，二元逻辑回归模型可以有效地定量识别驱动因子对城市扩张的影响程度，同时也从侧面证明了本书选取分析的驱动要素比较合理。根据识别结果分析的主导因子对城市扩张的驱动机制表明，人口是驱动城市扩张的最显著因子，达卡、加德满都、德里、拉合尔、伊斯兰堡、塔什干和阿拉木图等城市位于全球贫民窟人口比例较高的地区，其城市人口持续增长的问题值得关注；海拔是泛第三极主要城市扩张的限制因子，而且其限制作用越来越明显，意味着泛第三极主要城市在低海拔位置的可用建设用地越来越有限；到主要道路距离因子分析结果表明，道路是城市扩张的促进要素，而且随着时间的推移，其促进作用越来越显著。最后，本书也讨论分析了非主导因子对城市扩张的影响，从城市发展策略角度分析了各非主导因子在城市扩张进程中的作用。

第6章 泛第三极主要城市未来扩张模拟

泛第三极主要城市在过去的18年里经历了快速的扩张，通过上文讨论分析可知，随着城市人口的持续增长，研究区城市仍存在继续扩张趋势，同时可能伴随着更加严峻的城市化问题。为定量预测泛第三极主要城市未来扩张情况，并为城市未来发展规划提供有价值信息，针对土地未来覆盖状况的精确模拟必不可少。本章采用稳健的未来土地覆盖模拟模型(FLUS)预测模拟研究区未来城市扩张的空间分布，选择2017年城市土地覆盖数据为模拟起始数据，考虑城市扩张驱动要素在长期模拟过程中可能会发生变化，根据模型要求，按照模型测试的2010—2017年阶段的7年时间为步长，结合城市扩张主导因子，模拟了泛第三极主要城市在2024年的扩张情况。

6.1 城市未来扩张模拟

6.1.1 FLUS模型介绍

FLUS模型由Liu等[70]提出，模型可用于模拟人类活动与自然共同影响下的土地覆盖变化，预测未来土地覆盖情景。FLUS模型根据人工神经网络算法(ANN)，利用单期土地覆盖数据和相关的驱动要素数据提取土地覆盖类型的适宜性概率分布，然后使用元胞自动机算法和轮盘赌机制确定模拟结果，相对于其他模型，FLUS具有稳定性较好和模拟精度高等特点，因此在土地利用政策制定[208]、生态服务价值评估[209]、城市增长边界划定[210]、城市扩张模拟[211]等领域得到了广泛的应用。模型综合考虑了人地关系的相互影响，能有效处理不同土地类型之间相互转化的复杂性和不确定性问题[212]。在泛第三极主要城市扩张的研究工作中，制备了城市扩张驱动因子空间数据，包含了社会经济和自然要素，这些数据可以有效支持城市扩张模拟研究。

6.1.2 FLUS 模拟城市未来扩张

驱动因子分析结果表明，人口、海拔和到主要道路距离是泛第三极主要城市扩张的主导因子。鉴于非主导因子对城市扩张的影响有限，同时避免模型输入因子的重复筛选，此处仅采用上述 3 个主导因子作为 FLUS 模型的驱动要素。另外，土地覆盖数据重新分为建成区和非建成区两类，具体流程包括将人造地表重新分为建成区，植被、耕地、水体和其他合并为非建成区。为测试模型预测结果的可靠性，首先根据 2010 年土地覆盖数据和相关驱动要素数据，预测模拟 2017 年城市土地覆盖分布，并利用 2017 年的分类结果验证模拟精度。

根据模型要求，首先启动基于神经网络的出现概率计算模块，输入 2010 年土地覆盖数据。然后设置神经网络的样本采样方式，本书选用随机采样方式。为保证获取足够的样本，采样比例设置为 10%。另外，根据模型推荐将神经网络层数设定为 12 层。完成上述工作后，为模型加载驱动因子栅格数据，所有数据均重采样至 30 m，与土地覆盖数据保持一致。由于驱动因子单位不同，为保证不同驱动要素可以在统一标准下进行比较，因此需要去量纲化操作，研究采用模型提供的标准化处理工具，对驱动因子进行归一化处理。所有数据输入完成后，运行预设好的神经网络，获取土地覆盖适宜性概率。然后启动模型的预测模块，预测城市未来年份的建成区与非建成区像元数量。预测方法基于马尔科夫链，需要输入起止年份的土地覆盖数据，本书选择 2010 年和 2017 年泛第三极主要城市土地覆盖二分类数据，预测 2017 年和 2024 年建成区与非建成区像元数量，其中 2024 年预测结果为下一步模拟城市未来扩张提供数据准备。获取 2017 年预测的各类像元数量后，启动基于自适应惯性机制的元胞自动机模拟模块，对城市未来扩张的空间分布进行模拟。该过程需要输入之前获取的土地覆盖适宜性概率数据，然后将模拟迭代次数设置为模型默认的 300 次。元胞自动机是一个根据邻域像元状态来确定自身状态的模型，因此需要确定邻域像元的选择方法，本书采用模型提供的 3×3 摩尔邻域作为元胞自动机的邻域。最后输入预测的 2017 年建成区与非建成区的像元数量，运行元胞自动机并获取最终的模拟结果。2024 年泛第三极主要城市土地覆盖的模拟过程与上述流程一致，不同的是将 2010 年数据替换为 2017 年数据。

通过与 2017 年泛第三极主要城市土地覆盖二分类数据对比验证，可获取模型的模拟精度，进而评估模型的可靠性。本书采用混淆矩阵计算各评估指标，精度评价根据混淆矩阵生成的总体精度、用户精度、生产者精度和卡帕系数判定，具体评价结果如表 6-1 所列。根据验证结果可知，FLUS 模型模拟精度较高，总体精度均超过了 0.7，分布在 0.71 与 0.95 之间，其中 12 个城市的总体精度达到了

0.79 及以上。卡帕系数用来评估分类结果的一致性程度,卡帕系数大于 0.4 表明分类结果比较理想,由表 6-1 可知,13 个城市的卡帕系数高于 0.4,表明模拟的分类结果一致性较好。建成区生产者精度与用户精度的分布区间均为 0.67~0.93,且多数城市的精度超过 0.75,意味着建成区与非建成区的模拟精度都达到了令人满意的水平。总体而言,FLUS 模型模拟泛第三极主要城市扩张的精度较高,可以支持研究区城市未来扩张预测研究。

表 6-1 FLUS 模型模拟精度评估

城市	评价精度			
	总体精度	生产者精度	用户精度	卡帕系数
乌鲁木齐	0.84	0.79	0.79	0.66
西宁	0.82	0.79	0.78	0.63
兰州	0.88	0.78	0.78	0.69
达卡	0.80	0.86	0.86	0.51
加德满都	0.86	0.78	0.78	0.68
勒克瑙	0.79	0.67	0.67	0.51
德里	0.71	0.73	0.68	0.41
拉合尔	0.80	0.75	0.75	0.58
伊斯兰堡	0.75	0.70	0.70	0.48
喀布尔	0.95	0.96	0.94	0.90
杜尚别	0.83	0.90	0.90	0.21
塔什干	0.88	0.93	0.93	0.48
比什凯克	0.86	0.91	0.90	0.63
阿拉木图	0.89	0.86	0.86	0.77

图 6-1 展示了泛第三极主要城市 2017 年土地覆盖模拟结果与实际分类结果的空间分布对比情况。从图 6-1 可以看出,模拟结果中多数城市的建成区分布与分类结果高度一致。与实际分类结果不同的是,模拟结果中建成区分布更加聚集且集中在主要的连片建成区内部,虽然模拟结果在距离城市大片建成区较远的区域存在精度不足的问题,但模拟的建成区整体分布与实际分类结果比较一致。综上分析可判断,FLUS 模型的模拟结果比较接近泛第三极主要城市的真实土地覆盖状况,适用于研究区城市未来扩张问题的分析。

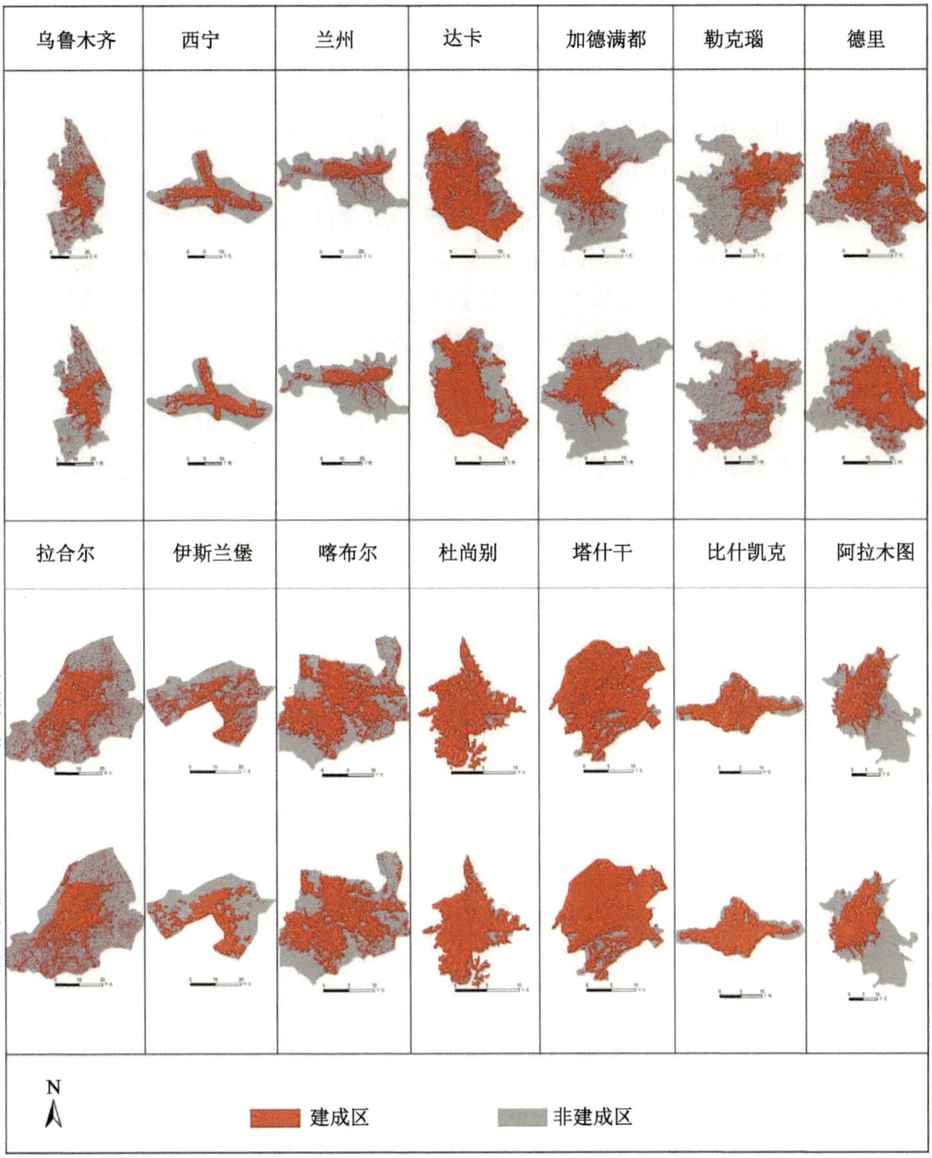

图 6-1　2017 年泛第三极主要城市土地覆盖模拟与实际分类结果对比

6.2 城市未来扩张分析

6.2.1 城市未来扩张速率分析

根据FLUS模型获取的2024年泛第三极主要城市扩张结果如表6-2和图6-2所示。由表6-2可知，2017—2024年阶段，泛第三极主要城市扩张速率进一步减缓，建成区面积仅由2017年的4 380 km^2增长至4 622 km^2，增长率约为5.53%，未达到2010—2017年阶段扩张速率(11.94%)的一半。虽然研究区城市未来发展整体降速，多数城市建成区面积处于稳定状态或微弱扩张趋势，建成区总体变化比较微弱，但部分城市仍存在高速扩张的趋势。表6-2统计的建成区增长率数据中，2017—2024年继续保持较高扩张率的城市包括乌鲁木齐(13.93%)、加德满都(29.25%)、伊斯兰堡(32.68%)。根据图6-2可以发现，这三个城市占地面积较大，非建成区范围较广，与其他城市相比，这些城市扩张空间相对充足，因此保持了相对快速的扩张趋势。兰州建成区仍存在继续下降的趋势，据上文分析可知，兰州新区的发展可能进一步减弱老城区的扩张。其余10个城市的建成区存在不同程度的扩张或缩减情况，但其最大变化率低于7.1%，其中8个城市的变化率低于3.5%，因此，考虑到泛第三极主要城市可用建设用地越来越紧缺，根据模拟结果可判断，经历了2000—2017年快速扩张之后，多数泛第三极主要城市未来扩张率将可能持续减缓。

表6-2 FLUS模型模拟城市扩张结果

城市	建成区面积/km^2		2017—2024年增长率/%
	2017年	2024年	
乌鲁木齐	489.15	557.27	13.93
西宁	128.05	137.08	7.05
兰州	288.46	262.96	−8.84
达卡	211.64	225.43	6.52
加德满都	175.51	226.85	29.25
勒克瑙	306.30	305.47	−0.27
德里	703.25	681.45	−3.10

表 6-2(续)

城市	建成区面积/km²		2017—2024 年增长率/%
	2017 年	2024 年	
拉合尔	695.85	720.14	3.49
伊斯兰堡	344.98	457.72	32.68
喀布尔	208.98	205.77	−1.54
杜尚别	119.12	120.59	1.23
塔什干	302.12	302.24	0.04
比什凯克	147.29	150.73	2.34
阿拉木图	259.63	268.43	3.39
总计	4 380.31	4 622.14	5.53

泛第三极主要城市未来扩张模拟的空间分布结果表明(图 6-2),2024 年研究区城市的建成区布局比 2017 年更加紧凑,多数城市呈现集中连片的扩张趋势。同时,距离主要建成区较远的零散村落区域,其建成区存在减少的趋势。这种状况出现的原因可能包括:FLUS 模型模拟的结果会产生建成区聚集分布的情况,一定程度上会导致泛第三极主要城市未来扩张分布过于紧凑,尽管如此,模型的模拟验证结果表明,FLUS 模型模拟精度较高,对城市未来扩张模拟的建成区空间分布影响有限。另外,研究区未来可用建设用地的有限性可能是产生城市建成区聚集的主要原因,泛第三极主要城市多位于高海拔地区,城市周边多山的特征意味着适合城市建设的土地数量比较有限,经过 2000—2017 年快速扩张之后,各城市的建设用地更加捉襟见肘。根据上文分析,海拔因子对泛第三极主要城市扩张的制约在近期越来越明显,驱动因子分析结果表明,截至 2017 年,研究区城市可用建设用地已经比较匮乏。随着社会经济的发展,城乡收入差距持续扩大,从而导致城市的吸引力进一步加大。另外,农业机械化水平的提高在一定程度上也产生了相当一部分农业剩余劳动力,在经济利益的驱使和城市发展规划政策的引导下,部分农民放弃了经济效益相对低下的农业,投入到城市其他产业,因此导致了村落的荒废,造成城市偏远地区人造地表面积的缩减。农业剩余劳动力的涌入,在促进城市发展的同时,也造成了城市建设用地紧张的问题。为满足城市新增人口的基本生活需求,研究区城市必须在有限的土地资源条件下,进一步扩张城市建成区,因此导致了现有建成区内部其他土地类型转换成建成区,产生城市建成区高度聚集分布的现象。

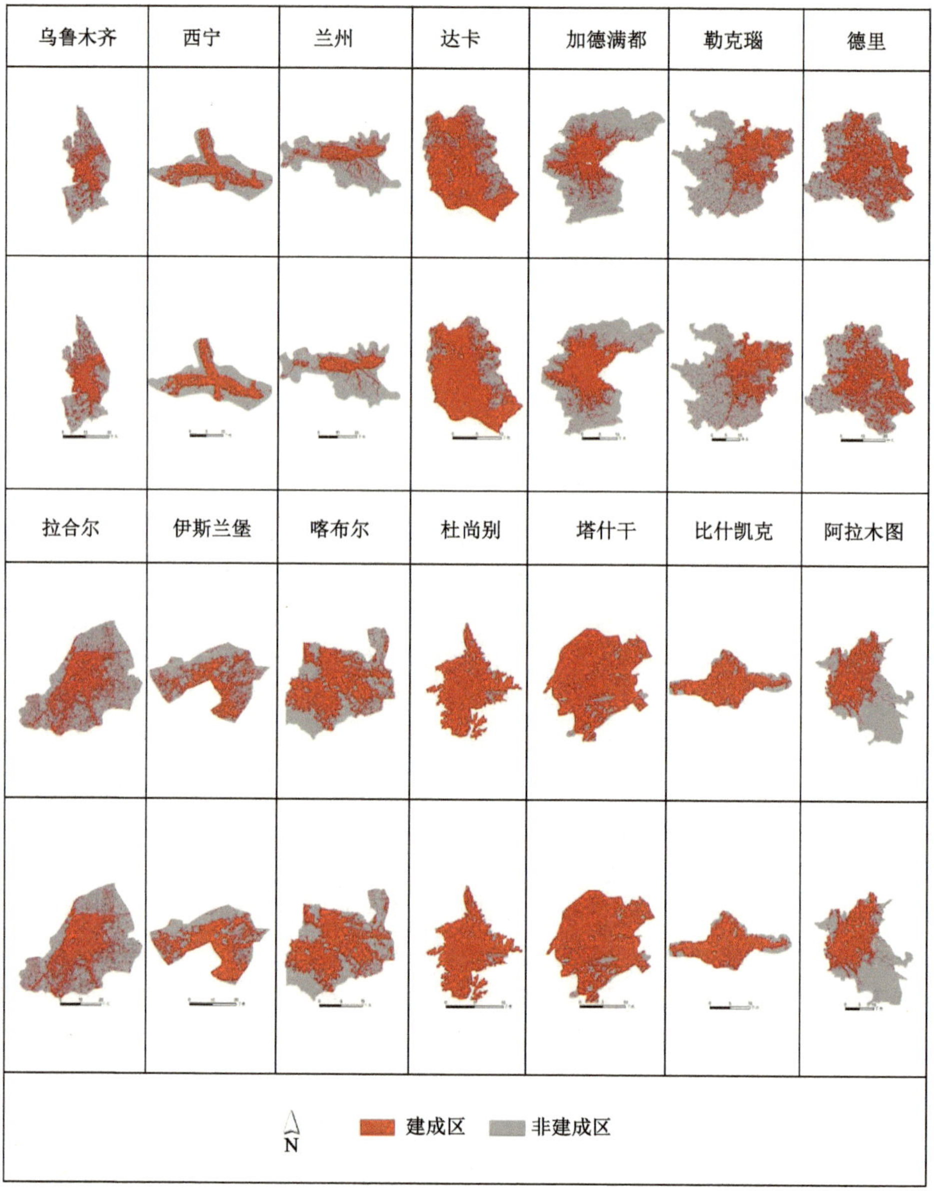

图 6-2　2024 年泛第三极主要城市扩张分布

随着城市人口的不断增长和可用建设用地的日益紧缺，泛第三极主要城市未来扩张发展面临着更加严峻的问题。因此，泛第三极主要城市必须合理调整城市发展策略，提高城市土地利用效率，在有限的建设用地基础上，尽力满足城市发展的需求。由 2024 年的城市扩张模拟结果(图 6-2)可以发现，多数城市的扩张空间更加聚集，主要集中在已有的连片建成区内部及周围，表明泛第三极主要城市未来扩张开始转向集约利用建设用地模式。由于地理位置的特殊性，泛第三极主要城市未来扩张存在建设用地不足的问题，这些问题在 2000—2017 年的土地覆盖变化分析中已有体现。由于研究区城市位于发展中国家，政府财政支持有限，这些城市前期发展过程中存在无序扩张现象，因此也导致了建设用地配置不合理的问题，包括贫民窟、低层建筑对有限建设用地的占用等，这些问题严重影响城市建设用地使用效率，同时也表明城市内部仍然存在城市继续发展的空间，也意味着土地集约利用是研究区城市未来发展的重要方向。

土地集约利用可以协调用地需求与城市扩张之间的紧张关系，充分提升土地利用效率。已有研究表明，城市土地集约利用可以改变城市粗放扩张模式，一定程度上减少了土地资源的消耗，有利于城市可持续发展的实现。根据 2024 年城市扩张模拟结果发现，泛第三极主要城市未来建成区分布更加紧凑，一定程度上也验证了研究区土地集约利用的必要性。土地集约利用策略可以充分利用有限的土地资源，在有效提高土地利用效率的基础上，可以保证城市的持续发展，符合泛第三极主要城市未来发展的需求。然而，城市土地资源过度集约利用可能会导致其他地类的流失，可能对城市环境造成负面影响[213]，进一步加剧城市遭受自然灾害的风险。因此，为保证泛第三极主要城市未来健康发展，避免土地过度集约利用造成不良影响，研究区城市土地集约利用可考虑以下发展建议：① 增加城市建筑高度，改造棚户区、贫民窟等低层建筑，在有限的土地面积上容纳更多的城市人口；② 合理规划城市布局，保证一定数量的维持城市生态环境用地(如城市绿地、公园等)，该建议需要决策者整体考虑城市发展方向，综合评估各类用地面积，在不影响城市发展的前提下，尽可能减少非必要用地的面积，提高土地利用效率，以达到城市发展与环境保护同步发展的目的。

总体而言，泛第三极主要城市整体面临继续扩张的趋势，多数城市存在建设用地不足的发展困境。如果研究区城市按照模拟结果发展，集约土地利用将成为城市未来发展的必经之路。尽管该发展模式可能会产生一定的负面影响，但是通过合理的规划布局，仍然可以根据有限的可用土地资源实现城市扩张与城市生态环境协同的城市可持续发展目标。

6.2.2 城市未来土地覆盖转换分析

本书基于2017年的五分类数据(包括植被、耕地、人造地表、水体、其他)和2024年城市土地覆盖模拟的二分类结果(建成区和非建成区),利用土地覆盖转移矩阵分别统计了泛第三极主要城市在2017—2024年间土地覆盖转换结果。由于本小节的研究目标是分析城市扩张引起的土地覆盖转换情况,且植被、耕地、水体、其他等地类转入到非建成区的部分包括各地类未发生变化的区域,因此本节只选取上述地类转入建成区的部分来分析研究区城市扩张的土地转换情况。根据2017—2024年泛第三级主要城市土地覆盖转换分布(图6-3)发现,泛第三极主要城市的未来扩张主要基于植被和耕地的转换,该发现与研究区2000—2017年整个研究时段以及2000—2010年和2010—2017年两个具体研究时段的分析结果一致。由表6-3数据可知,泛第三极主要城市未来扩张进程中,植被和耕地共同占据了87.96%的建成区转入面积,其中,植被贡献了约54.26%的建成区转入面积,耕地占据了33.70%的建成区转入面积。该发现与2010—2017年有所不同,在2010—2017阶段,研究区城市扩张占用的耕地更多,而2017—2024阶段的城市扩张消耗的植被更加显著。从城市土地覆盖转换的空间分布(图6-3)可以看出,植被转换成建成区的位置主要分布在已有建成区的内部,例如乌鲁木齐、西宁、兰州、达卡、加德满都、拉合尔、伊斯兰堡、杜尚别和比什凯克等城市;耕地一般分布在城市周边区域,因此耕地转入到城市建成区的位置也多分布在已有建成区的周边区域,该现象在西宁、加德满都、伊斯兰堡等城市表现比较明显。

耕地和植被的继续减少意味着泛第三极主要城市未来的城市环境可持续发展仍存在严峻挑战,尤其是植被面积的减少,将对研究区城市的生态环境造成严重的负面影响。泛第三极主要城市的未来扩张多发生在连片建成区内部及周边区域,这些区域的主要分布类型包括城市绿地、植被和郊区耕地,如果过度地将这些用地转换成建成区,将会导致城市建成区在空间上聚集程度较高,而较高的建成区密度将严重影响城市景观格局,同时加剧城市热岛效应[214]、影响城市水文循环过程和增大自然灾害风险[215],进一步加剧了泛第三极城市扩张对城市环境和周边生态系统的负面影响。为避免泛第三极主要城市未来发展对城市生态环境造成严重的影响,研究区城市在发展经济的同时,应更加注重城市生态环境的保护。基于以上问题,泛第三极未来城市发展可考虑采纳以下发展建议:① 优化城市用地空间,划定城市生态用地边界,优先保证城市生态用地数量,同时进一步完善城市基础设施,如城市给排水和集水系统,一定程度上可减少城市内涝和城市热浪发生的风险;② 增大植被覆盖率,植被在调节局地气候和水土

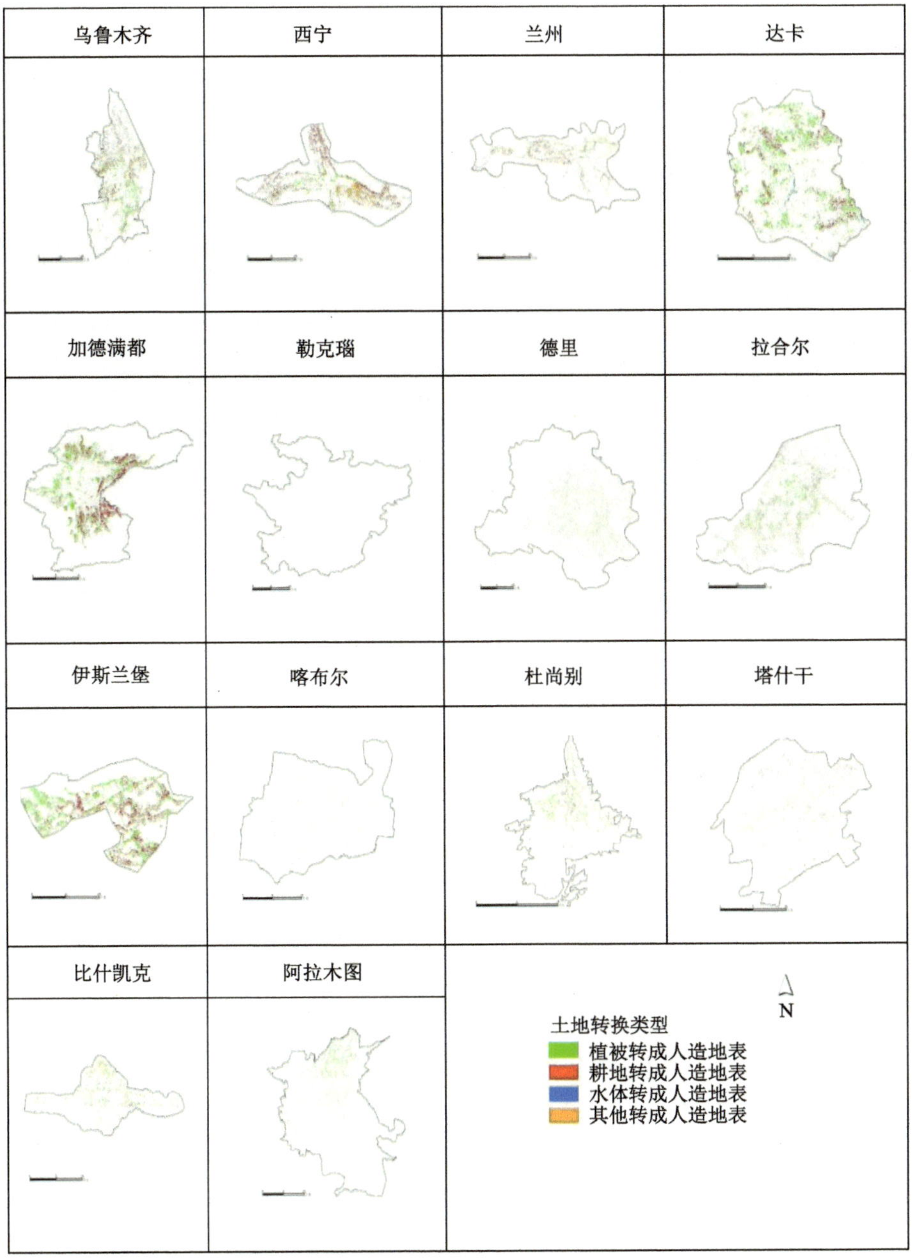

图 6-3　2017—2024 年泛第三极主要城市土地覆盖转换分布

保持方面有不可替代的作用，未来城市规划可考虑在城市周边构建防护林，减少水土流失和山体滑坡等灾害发生的风险。另外，也可以考虑在城市内部如城市道路两侧、建筑物屋顶等位置增大植被种植密度。

表 6-3 泛第三极主要城市 2017—2024 年土地覆盖转换统计

城市	土地覆盖转换面积/km^2			
	VA	CA	WA	OA
乌鲁木齐	48.18	31.29	0.64	8.71
西宁	5.97	11.98	0.42	7.86
兰州	8.74	13.51	2.99	8.99
达卡	18.75	6.98	1.32	0.39
加德满都	27.71	21.83	0.05	2.49
勒克瑙	0.02	0.01	0.00	0.00
德里	15.66	1.03	0.35	0.25
拉合尔	31.61	14.66	0.14	3.70
伊斯兰堡	64.52	43.83	1.06	11.54
喀布尔	1.64	0.47	0.01	0.24
杜尚别	2.28	0.72	0.05	0.29
塔什干	2.81	1.14	0.03	0.17
比什凯克	3.64	0.57	0.02	1.21
阿拉木图	7.72	0.48	0.05	0.10

6.3 本章小结

本章基于 FLUS 土地利用模拟模型，结合城市扩张的主导因子，预测了泛第三极主要城市 2024 年建成区的空间分布。模拟结果验证表明，FLUS 可以很好地模拟研究区城市的土地覆盖状况，模拟结果比较接近地表真实覆盖情景。基于模型预测结果，本书分析了 2024 年泛第三极主要城市的扩张趋势，同时也分析了研究区城市未来扩张的土地覆盖转换问题。通过分析发现，泛第三极城市未来扩张可能存在土地集约利用现象，这可能是因为随着城市的不断扩张，建设用地更加有限，因此造成了城市土地集约利用的结果。模拟结果显示，研究区城市在城市土地集约利用的背景下会导致建成区分布更加紧凑，而且土地转换分析结果也表明泛第三极主要城市的未来扩张主要基于城市内部植被和城市周边耕地的转换，对城市生态环境可能造成一定的负面影响，但考虑到泛第三极城市人口持续增加、城市面积持续扩张以及城市建设用地日益紧缺的问题，城市土地集约利用是研究区城市未来发展的必经之路。本章讨论分析了土地集约利用策略下泛第三极主要城市未来发展可能存在的问题，并在此基础上提出了相关的发展建议。

第7章 结论与展望

泛第三极是亚洲主要大江大河的发源地，同时也是地球上生态环境最为脆弱的地区[190]。由于近些年人类活动的加剧，泛第三极生态环境遭受到了严重的干扰，由此产生的影响将辐射到下游数十亿居民的生存和发展[14]。城市化作为人类改造地表环境最为剧烈的活动，深刻改变了地表覆盖状况和区域生态环境。由于泛第三极特殊的地理位置和生态环境的脆弱性，该区域快速的城市扩张将造成比较严重的负面影响。尽管在过去数十年里泛第三极主要城市经历了快速的城市化进程，对当地城市和区域可持续发展产生了重大影响，但是由于区域经济发展相对落后，与经济相对发达的城市相比，其城市化过程和影响未得到足够的重视和关注。鉴于此，本书选择了青藏高原及其周边的 14 个大型城市作为研究区，深入探究了 2000—2017 年城市扩张机制及其对生态环境的影响，同时也预测了城市未来发展趋势。通过分析城市扩张已经存在和即将面临的问题，可以为城市可持续发展建设提供有价值信息。

7.1 主要结论

本书的主要研究结论包括以下内容：

(1) 基于 GoogLeNet Inception V3 算法，获取了高精度时间序列的泛第三极主要城市土地覆盖数据。基于高分辨率遥感影像的目视解译验证结果表明，Inception V3 可以精确识别本书定义的植被、耕地、人造地表、水体和其他土地类型，2000 年、2010 年以及 2017 年的总体分类精度分别达到 90.81%、90.15% 和 91.29%。另外，Inception V3 有效提升了干旱区城市土地覆盖的分类精度，基于 GlobeLand30—2010 产品的目视解译验证表明，Inception V3 在泛第三极干旱半干旱区城市的总体分类精度达到 88.67%，而 GlobeLand30—2010 产品的总体精度仅为 70.98%。

(2) 根据泛第三极主要城市土地覆盖分类数据计算得出，研究区在 2000—

2017年期间，城市建成区面积由2 809 km^2增长至4 380 km^2，总体增长率为55.93%，年均增长率约为2.7%；同期全球建成区增长率为31.7%，扩张速率较快的亚洲城市建成区增长率为54.1%。2000—2010年阶段，泛第三极主要城市扩张迅速，建成区面积由2 809 km^2增长至3 913 km^2，增长率达到39.3%，同期全球和亚洲城市建成区的增长率分别为22.8%和39.1%。2010—2017年期间，泛第三极主要城市扩张速率有所减缓，建成区面积由3 913 km^2增长至4 380 km^2，增长率为11.9%，同期全球与亚洲城市建成区增长率也有下降趋势，分别为7.3%和10.0%。总体而言，泛第三极主要城市扩张较快，而且其扩张速率一直高于全球和亚洲。

在具体城市层面，2000—2017年期间有过半的城市扩张速率超过了50%，从高到低依次为伊斯兰堡(207.68%)、加德满都(120.46%)、拉哈尔(93.47%)、勒克瑙(80.70%)、乌鲁木齐(67.14%)、杜尚别(64.15%)、比什凯克(58.15%)、阿拉木图(55.93%)等8个城市。这些城市都经历了相对激进的扩张进程，反映了经济相对落后的泛第三极主要城市在2000年以来经历了与其他热点研究城市相近甚至更快的扩张过程。

(3) 泛第三极主要城市的扩张主要基于植被与耕地的转换，尤其是耕地。2000—2017年期间，植被和耕地转入城市人造地表的面积分别是837.3 km^2和900.1 km^2，占据了所有由其他地类转入人造地表面积的90.7%；2000—2010年阶段，转入城市人造地表的植被与耕地面积分别为552 km^2和588 km^2，贡献了约89.6%的人造地表转入；2010—2017年阶段，转入城市人造地表的植被与耕地面积分别为504.1 km^2和537.9 km^2，占据了90.6%的人造地表总转入量。

研究区城市扩张期间，耕地流失面积高于植被流失面积。在2000—2017阶段，耕地减少了1 148.3 km^2，植被减少了281.1 km^2，耕地流失面积约为植被流失面积的3倍；2000—2010年期间，耕地与植被的减少面积分别为467.9 km^2和637.8 km^2；2010—2017年期间，耕地面积减少了510.5 km^2，而植被通过其他几种土地类型的转入，增加了186.8 km^2。以上分析表明，泛第三极主要城市在近期的扩张过程中增强了生态环境的保护。

泛第三极主要城市的扩张导致了植被和耕地的流失问题，多数城市的植被面积在2000—2010年期间流失严重，然而随着城市化进程的推进，多数城市的植被面积有所回升，该变化有助于研究区城市的生态环境保护。值得注意的是，西宁和杜尚别两个城市的植被面积在两个具体研究时段保持持续减少趋势，拉合尔在2010—2017年阶段也出现了显著的植被面积减少现象，这三个城市在未来发展中应加大对植被的保护力度。在不同研究时段中，耕地面积一直减少的城市包括达卡、德里、伊斯兰堡、杜尚别、比什凯克和阿拉木图，其中尤其值得重视的是伊斯兰堡，该城市在第二阶段的耕地流失速度较快，需要及时制定耕地保护政策。城市近郊区域的耕地是城市粮食和蔬菜的供应地，持续的耕地流失对城市粮食安全会造成严重的影响。上述泛第三极主要城市应根据当前发现的耕地流失问题，制定相应的保护政策，如划定耕地保护红线等，避免城市未来发展遭遇粮食危机。

（4）泛第三极主要城市的扩张导致贫民窟人口数量的增加。由于研究区城市人口持续增加，而发展中国家对城市扩建的财政支持能力有限，因此造成贫民窟人口的增加。随着城市人口的持续增多，部分泛第三极主要城市贫民窟的人口也将持续增加。拉合尔、伊斯兰堡、加德满都、达卡、德里和勒克瑙等城市已经属于贫民窟人口较多的城市，为应对城市贫民窟人口继续增加的挑战，上述城市以及人口快速增长的其他泛第三极主要城市未来发展应综合考虑城市的人口容纳能力，限制外来人口数量；改造升级现有贫民窟的生活条件，完善原有居民基本的生活设施；政府引导并迁移贫民窟人口，有条件地为低收入人口提供保障性住房，并提供相应的就业机会。

另外，城市周边的植被与耕地流失严重，影响城市生态环境以及水文过程，并可能引发水资源紧缺问题。泛第三极城市未来发展应合理分配水资源用量，同时提倡节约用水，大力开展城市节水集水工作，循环利用水资源，提升水资源利用效率，尽最大努力避免因城市扩张而造成广泛的水资源紧缺问题。

（5）泛第三极主要城市扩张的主导因子包括人口、海拔和到主要道路距离。其中，人口增长和道路建设显著地促进了城市的扩张进程，人口因子的促进作用最明显，而海拔的增高则显著地制约了城市的扩张。在泛第三极主要城市未来的扩张进程中，人口仍很可能是最显著的主导因子。作为正向驱动要素，人口增长在2000—2010年阶段显著促进了西宁、兰州、加德满都、勒克瑙、德里、拉合尔、伊斯兰堡、杜尚别、塔什干、比什凯克等10个城市的扩张。尽管城市扩张速率在2010—2017年阶段有所减缓，人口的增长仍然显著促进了西宁、达卡、勒克瑙、德里、拉合尔、伊斯兰堡、杜尚别、塔什干等8个城市的扩张，同时相对显著地促进了喀布尔和比什凯克等两个城市的扩张。面对城市人口持续增长的挑战，泛第三极主要城市应合理控制城市人口数量，同时在城市中心可辐射的范围内构建卫星城，从城市内部分流出部分人口，这样不仅保证了城市人口的有序增长，而且在一定程度上可以减弱高密度人口对城市环境的影响，有助于缓解城市管理压力和实现城市可持续发展目标。

2000—2010年期间，到主要道路距离因子显著促进了乌鲁木齐、德里、拉合尔、喀布尔、杜尚别等5个城市的扩张进程，同时相对显著地促进了达卡和阿拉木图的扩张；在2010—2017年期间该因子显著促进了乌鲁木齐、西宁、达卡、勒克瑙、伊斯兰堡、喀布尔、杜尚别、塔什干等 8 个城市的扩张，同时也相对显著地促进了兰州与拉合尔两个城市的扩张。越来越多的城市发展受益于道路的建设，泛第三极主要城市应根据城市当前发展情况和建设用地资源状况，合理规划未来道路组网的空间分布，避免主要道路附近的城市扩张与有限的建设用地产生冲突。

受海拔制约扩张的城市数量由 2000—2010 年阶段的 6 个增长到 2010—2017 年阶段的 9 个，意味着海拔因子对研究区城市扩张的限制作用越来越显著，同时也表明多山的泛第三极城市可用建设用地已经越来越少。由于研究区城市未来发展的建设用地更加紧缺，因此无法避免部分城市开始或者继续采用削山造城方式来扩大城市规模。这种扩张模式将会严重影响泛第三极城市脆弱的生态环境，进而对下游区域的居民和生态环境造成更广的负面影响。因此，泛第三极主要城市应合理规划城市建设用地的数量和分布，避免产生影响城市可持续发展的扩张模式。

(6) 泛第三极主要城市未来发展存在继续扩张趋势，但整体扩张速率会减缓。2024 年城市扩张模拟结果表明，2017—2024 年研究区城市总体扩张速率为 5.53%。考虑到研究区城市建设用地日益紧缺，泛第三极主要城市扩张趋向于土地集约利用的发展模式。在城市土地集约利用的背景下，泛第三极未来城市建成区分布将更加紧凑，土地转换分析结果也表明泛第三极主要城市的未来扩张主要基于城市内部植被和城市周边耕地的转换，对城市生态环境可能造成一定的负面影响，但考虑到泛第三极城市面临着城市面积持续扩张以及城市建设用地日益紧缺的问题，城市土地集约利用是研究区城市未来发展的必经之路。因此，研究区城市未来发展在考虑城市土地集约利用的同时，还应考虑城市生态环境的保护问题，可通过设置一定的城市生态用地数量，在一定程度上减少城市内涝和城市热浪发生的风险；增大植被覆盖率，未来城市规划可考虑在城市周边构建防护林，在城市内部如城市道路两侧、建筑物屋顶等位置增大植被种植密度，在改善城市局地气候的同时，也可以减少水土流失和山体滑坡等灾害发生的风险。

7.2　创新点

(1) 基于深度学习算法，研制了高精度的泛第三极主要城市土地覆盖数据。现有土地覆盖产品多基于 Landsat 影像和光谱分析方法进行分类，在干旱区和半干旱区分类精度较差。探究泛第三极主要城市扩张须基于可靠的土地覆盖数据，本书根据现有土地覆盖产品和 Google Earth 高分辨率历史影像，利用深度学习算法构建了土地覆盖分类流程，并得到了分类精度显著高于 GlobeLand30 产品的土地覆盖数据。

(2) 全部使用遥感产品和数据提取驱动因子数据，从空间角度综合识别和分析了城市扩张的主导因子。传统的城市扩张驱动因子分析多基于统计年鉴数据，年鉴数据一般以行政边界为单位进行统计，无法体现城市内部建成区与非建成区的差异。基于遥感数据提取的驱动要素数据，可以有效分析驱动因子对城市内部建成区与非建成区的影响差异，从而定量识别驱动因子对城市扩张的影响程度。

(3) 本书首次揭示了泛第三极主要城市快速扩张的状况及发展过程中存在的问题，同时预测和分析了城市未来发展趋势和问题。本书根据可靠的土地覆盖分类数据，计算了泛第三极主要城市的扩张速率。通过对比发现，研究区城市扩张迅速，建成区增长速度高于全球和亚洲城市的扩张速度；同时识别了城市扩张进程导致城市周边植被与耕地流失的生态环境问题，并分析了城市扩张引起的贫民窟人口增加的社会问题。通过城市扩张模拟发现，泛第三极城市未来发展很可能会采用土地集约利用策略，会进一步加剧城市植被和周边耕地的流失，本书根据城市发展趋势提出了城市未来扩张可能引发的生态环境问题。通过分析城市扩张已经存在和未来面临的问题，可以为城市未来健康发展提供有价值的信息，有助于实现城市可持续发展目标。

7.3 不足与展望

本书利用深度学习算法实现了泛第三极主要城市土地覆盖的高精度分类，根据分类数据利用二元逻辑回归模型识别了城市扩张的主导因子，在此基础上分析了城市扩张的机制和对生态环境的影响，并进一步模拟了城市未来扩张状况，分析了城市未来发展可能面临的问题。虽然可以揭示泛第三极主要城市快速扩张的状况及其发展过程中存在的问题，但研究仍存在以下不足。

(1) 高分辨率遥感影像的限制。泛第三极主要城市土地覆盖分类需要基于高分辨率 Google Earth 历史影像，由于研究区比较缺乏 2000 年之前的高质量影像数据，导致本书的研究时段选定为 2000—2017 年，不能支持较长时间序列的城市扩张分析。另外，所选影像为年尺度的合成数据，仅包含了卫星过境期间获取的较高质量的影像，缺乏季节性信息，由于部分植被和农作物在非生长季不再附着于地表，可能导致部分区域的植被和耕地与其他地类混淆，一定程度上可能会影响土地覆盖的分类精度。

(2) 社会经济类的驱动因子数据不足。为了从城市内部分析驱动因子对城市扩张的影响，本书选取的驱动因子均基于空间数据提取获得。然而，当前关于社会经济发展的空间数据比较有限，本书中仅有人口、人均 GDP、$PM_{2.5}$、到主要道路距离等 4 个要素属于社会经济类驱动因子数据，而且 $PM_{2.5}$ 是工业化水平的替代因子，到主要道路距离是城市基础设施完善程度的唯一代表因子。鉴于本书可用的驱动要素数据有限，一定程度上造成了城市扩张影响的讨论分析不够充分。

(3) 城市扩张模拟结果分析存在不足。由于各地类在不同城市占地比例差异较大，而且部分城市占地面积相对较小，导致了部分地类在个别城市中数量很少，很难满足 FLUS 模型对该类别采样次数的要求，因此，本书将人造地表重新定义为建成区，将植被、耕地、水体和其他融合成非建成区。虽然基于二分类数据可以获取较好的模拟效果，但无法分析各具体地类之间相互转换的关系，导致城市未来扩张的影响分析不足。

针对以上不足，今后的研究工作需要从增加数据选用以及加强城市扩张影响分析方面入手。

(1) 数据选用方面。需要增加 2000 年以前的高分辨率遥感影像的获取，并据此加长泛第三极主要城市扩张研究的时间序列，进一步挖掘城市扩张进程中土地覆盖变化动态信息以及存在的问题，深入理解城市扩张的影响与相关城市化问题的变化。另外，随着遥感大数据时代的到来以及遥感制图技术的进步，更高分辨率和更丰富的社会经济类驱动要素数据将不断产生，如城市兴趣点数据(Point of Interest，POI)可以获取城市图书馆数量、医院数量、车站机场位置，甚至包括餐馆消费水平等信息，这些数据可以更及时准确地反映城市的社会经济发展水平，在降低数据获取难度的同时，极大地丰富了城市扩张分析的数据源。因此未来研究工作可以融入更多的社会经济类数据，进一步加强城市扩张的驱动因子分析。

(2) 城市扩张影响分析方面。城市化通常会造成比较复杂的社会以及生态环境问题，对城市发展影响严重，而且多数影响难以定量分析，因此增大了城市扩张影响分析的难度。本书关于泛第三极主要城市扩张影响的分析主要从土地类型转换方面入手，侧重分析了快速城市化对城市及其周边区域生态环境的影响，对于城市化造成的社会问题分析不够充分，这个问题在下一步研究中可以通过增加社会经济类驱动因子数据进行解决。此外，研究区城市快速扩张很可能会消耗更多的水资源，加剧当地水资源紧缺问题，不利于社会稳定，未来工作考虑在流域尺度上研究泛第三极城市扩张与水资源供需关系。另外，未来研究需要扩大研究区的城市边界，使用更加精细的土地转换类型来识别城市未来扩张对不同地类的消耗，进而准确分析城市扩张造成的生态环境影响。

参考文献

[1] SETO K C,GÜNERALP B,HUTYRA L R.Global forecasts of urban expansion to 2030 and direct impacts on biodiversity and carbon pools[J]. Proceedings of the national academy of sciences of the United States of America,2012,109(40):16083-16088.

[2] HOPKINS F M,EHLERINGER J R,BUSH S E,et al.Mitigation of methane emissions in cities:how new measurements and partnerships can contribute to emissions reduction strategies[J]. Earth's future,2016,4(9):408-425.

[3] VAN VLIET J.Direct and indirect loss of natural area from urban expansion[J].Nature sustainability,2019,2:755-763.

[4] KE X L,VAN VLIET J,ZHOU T,et al.Direct and indirect loss of natural habitat due to built-up area expansion:a model-based analysis for the city of Wuhan,China[J].Land use policy,2018,74:231-239.

[5] FOLEY J A,DEFRIES R,ASNER G P,et al.Global consequences of land use[J].Science,2005,309(5734):570-574.

[6] CAO C,LEE X H,LIU S D,et al.Urban heat islands in China enhanced by haze pollution[J].Nature communications,2016,7(1):1-7.

[7] FORMAN R T T, WU J G. Where to put the next billion people[J]. Nature,2016,537:608-611.

[8] HENDERSON V.Urbanization in developing countries[J].The world bank research observer,2002,17(1):89-112.

[9] PAUCHARD A,AGUAYO M,PEÑA E,et al.Multiple effects of urbanization on the biodiversity of developing countries:the case of a fast-growing metropolitan area(Concepción,Chile)[J].Biological conservation,2006,127(3):272-281.

[10] YANG X J.China's rapid urbanization[J].Science,2013,342(6156):310.
[11] MAJUMDER M.Impact of Urbanization on Water Shortage in Face of Climatic Aberrations[M].Singapore:Springer Singapore,2015.
[12] SRINIVASAN V,SETO K C,EMERSON R,et al.The impact of urbanization on water vulnerability:a coupled human-environment system approach for Chennai,India[J].Global environmental change,2013,23(1):229-239.
[13] World urbanization prospects:the 2011 revision[EB/OL].[2012-04-05] http://esa.un.org/unup/.
[14] 姚檀栋,陈发虎,崔鹏,等.从青藏高原到第三极和泛第三极[J].中国科学院院刊,2017,32(9):924-931.
[15] YAO T D,THOMPSON L G,MOSBRUGGER V,et al.Third pole environment(TPE)[J].Environmental development,2012,3:52-64.
[16] ECONOMIC AND SOCIAL COMMISSION FOR ASIA AND THE PACIFIC(ESCAP).Urbanization in Central Asia:challenges,issues and prospects[EB/OL].[2013-01-01].https://www.unescap.org/resources/urbanization-central-asia-challenges-issues-and-prospects.
[17] Rapid urbanization and population growth are outpacing the construction of adequate and affordable housing [EB/OL].[2019-03-01].https://unstats.un.org/sdgs/report/2019/goal-11/.
[18] GÜNERALP B,REBA M,HALES B U,et al.Trends in urban land expansion, density, and land transitions from 1970 to 2010: a global synthesis[J].Environmental research letters,2020,15(4):44015.
[19] LU D,WENG Q H.Use of impervious surface in urban land-use classification[J].Remote sensing of environment,2006,102(1-2):146-160.
[20] PAN T,LU D S,ZHANG C,et al.Urban land-cover dynamics in arid China based on high-resolution urban land mapping products[J].Remote sensing,2017,9(7):730.
[21] GONG P,LI X C,ZHANG W.40-Year(1978—2017) human settlement changes in China reflected by impervious surfaces from satellite remote sensing[J].Science bulletin,2019,64(11):756-763.
[22] LI X C,GONG P,LIANG L.A 30-year(1984—2013) record of annual urban dynamics of Beijing City derived from Landsat data[J].Remote sensing of environment,2015,166:78-90.

[23] GONG P,LI X C,WANG J,et al.Annual maps of global artificial impervious area(GAIA) between 1985 and 2018[J].Remote sensing of environment,2020,236:111510.

[24] LIU X P,HUANG Y H,XU X C,et al.High-spatiotemporal-resolution mapping of global urban change from 1985 to 2015[J].Nature sustainability,2020,3:564-570.

[25] ZHOU Y Y,SMITH S J,ELVIDGE C D,et al.A cluster-based method to map urban area from DMSP/OLS nightlights[J].Remote sensing of environment,2014,147:173-185.

[26] 李翔,朱江,尹向东,等.基于珞珈一号夜间灯光数据的广州市建设用地识别[J].地球信息科学学报,2019,21(11):1802-1810.

[27] DOU Y Y,LIU Z F,HE C Y,et al.Urban land extraction using VIIRS nighttime light data:an evaluation of three popular methods[J].Remote sensing,2017,9(2):175.

[28] SHI K F,HUANG C,YU B L,et al.Evaluation of NPP-VIIRS night-time light composite data for extracting built-up urban areas[J].Remote sensing letters,2014,5(4):358-366.

[29] ESA.Land cover CCI product user guide version 2[C].Libin,Belgium:ESA,2017.

[30] SULLA-MENASHE D,FRIEDL M A.User guide to collection 6 MODIS land cover(MCD12Q1 and MCD12C1) product[J].USGS:reston,VA,USA,2018:1-18.

[31] YU L,WANG J,LI X C,et al.A multi-resolution global land cover dataset through multisource data aggregation[J].Science China earth sciences,2014,57(10):2317-2329.

[32] SONG X P,SEXTON J O,HUANG C Q,et al.Characterizing the magnitude,timing and duration of urban growth from time series of Landsat-based estimates of impervious cover[J].Remote sensing of environment,2016,175:1-13.

[33] LIU X P,HU G H,CHEN Y M,et al.High-resolution multi-temporal mapping of global urban land using Landsat images based on the Google Earth Engine Platform[J].Remote sensing of environment,2018,209:227-239.

[33] LIU X P,HU G H,CHEN Y M,et al.High-resolution multi-temporal

mapping of global urban land using Landsat images based on the Google Earth Engine Platform[J]. Remote sensing of environment, 2018, 209: 227-239.

[34] LECUN Y,BENGIO Y,HINTON G.Deep learning[J].Nature,2015,521: 436-444.

[35] YUAN Q Q,SHEN H F,LI T W,et al.Deep learning in environmental remote sensing:achievements and challenges[J].Remote sensing of environment,2020,241:111716.

[36] KAMPFFMEYER M, SALBERG A B, JENSSEN R. Semantic segmentation of small objects and modeling of uncertainty in urban remote sensing images using deep convolutional neural networks[C]// 2016 IEEE Conference on Computer Vision and Pattern Recognition Workshops(CVPRW).Las Vegas,NV,USA.IEEE,2016:680-688.

[37] HUANG B,ZHAO B,SONG Y M.Urban land-use mapping using a deep convolutional neural network with high spatial resolution multispectral remote sensing imagery[J].Remote sensing of environment,2018,214: 73-86.

[38] XU G,ZHU X,FU D J,et al.Automatic land cover classification of geo-tagged field photos by deep learning[J].Environmental modelling & software,2017,91:127-134.

[39] HE C Y,LIU Z F,GOU S Y,et al.Detecting global urban expansion over the last three decades using a fully convolutional network[J].Environmental research letters,2019,14(3):034008.

[40] PARENTE L,TAQUARY E,SILVA A,et al.Next generation mapping: combining deep learning,cloud computing,and big remote sensing data [J].Remote sensing,2019,11(23):2881.

[41] DONG R M,LI C,FU H H,et al.Improving 3-m resolution land cover mapping through efficient learning from an imperfect 10-m resolution map[J].Remote sensing,2020,12(9):1418.

[42] KEELER B L,HAMEL P,MCPHEARSON T,et al.Social-ecological and technological factors moderate the value of urban nature[J].Nature sustainability,2019,2:29-38.

[43] ZHOU T,JIANG G H,ZHANG R J,et al.Addressing the rural in situ urbanization(RISU) in the Beijing-Tianjin-Hebei region: Spatio-temporal

pattern and driving mechanism[J].Cities,2018,75:59-71.

[44] LAFORTEZZA R,SANESI G.Nature-based solutions: settling the issue of sustainable urbanization [J]. Environmental research, 2019, 172: 394-398.

[45] ALQURASHI A,KUMAR L,AL-GHAMDI K.Spatiotemporal modeling of urban growth predictions based on driving force factors in five Saudi Arabian cities[J].ISPRS international journal of geo-information,2016,5(8):139.

[46] 刘昭华,张春艳.开封市城市扩张动态监测及驱动因子分析[J].国土资源遥感,2018,30(4):193-199.

[47] 陈可欣.基于高分辨率遥感影像的建成区扩张与驱动力研究:以嘉兴市为例[D].杭州:浙江大学,2016.

[48] 李茂.基于夜间灯光数据的湖南省城镇扩张时空变化及驱动力因子分析[D].湘潭:湖南科技大学,2019.

[49] 刘佳,辛鑫,刘斌,等.基于 DMSP/OLS 夜间灯光影像的 2000—2013 年鄂尔多斯市城市扩张遥感制图与驱动因子分析[J].国土资源遥感,2018,30(1):166-172.

[50] FANG C L,LI G D,WANG S J.Changing and differentiated urban landscape in China: spatiotemporal patterns and driving forces[J].Environmental science & technology,2016,50(5):2217-2227.

[51] MA Y L,XU R S.Remote sensing monitoring and driving force analysis of urban expansion in Guangzhou City, China [J]. Habitat international, 2010,34(2):228-235.

[52] CHEN J L, GAO J L, CHEN W. Urban land expansion and the transitional mechanisms in Nanjing, China [J]. Habitat international, 2016,53:274-283.

[53] MAIMAITIJIANG M,GHULAM A,ONÉSIMO SANDOVAL J S,et al. Drivers of land cover and land use changes in St.Louis metropolitan area over the past 40 years characterized by remote sensing and census population data[J].International journal of applied earth observation and geoinformation,2015,35:161-174.

[54] LI X M,ZHOU W Q,OUYANG Z Y.Forty years of urban expansion in Beijing: what is the relative importance ofphysical, socioeconomic, and neighborhood factors? [J].Applied geography,2013,38:1-10.

[55] SHU B R,ZHANG H H,LI Y L,et al.Spatiotemporal variation analysis of driving forces of urban land spatial expansion using logistic regression: a case study of port towns in Taicang City, China [J]. Habitat international,2014,43:181-190.

[56] LI X C,GONG P.Urban growth models:progress and perspective[J].Science bulletin,2016,61(21):1637-1650.

[57] GONG W F,YUAN L,FAN W Y,et al.Analysis and simulation of land use spatial pattern in Harbin prefecture based on trajectories and cellular automata-markov modelling[J].International journal of applied earth observation and geoinformation,2015,34:207-216.

[58] BASSE R M,OMRANI H,CHARIF O,et al.Land use changes modelling using advanced methods:cellular automata and artificial neural networks. The spatial and explicit representation of land cover dynamics at the cross-border region scale[J].Applied geography,2014,53:160-171.

[59] SHU B R,BAKKER M M,ZHANG H H,et al.Modeling urban expansion by using variable weights logistic cellular automata:a case study of Nanjing,China[J].International journal of geographical information science, 2017,31(7):1314-1333.

[60] CAO Y,ZHANG X L,FU Y,et al.Urban spatial growth modeling using logistic regression and cellular automata:a case study of Hangzhou[J]. Ecological indicators,2020,113:106200.

[61] MUSTAFA A,RIENOW A,SAADI I,et al.Comparing support vector machines with logistic regression for calibrating cellular automata land use change models[J].European journal of remote sensing,2018,51(1): 391-401.

[62] MARTINEZ L M,VIEGAS J M.Assessing the impacts of deploying a shared self-driving urban mobility system:an agent-based model applied to the city of Lisbon,Portugal[J].International journal of transportation science and technology,2017,6(1):13-27.

[63] DRAGIĆEVIĆ S, HATCH K. Urban geosimulations with the Logic Scoring of Preference method for agent-based decision-making[J].Habitat international,2018,72:3-17.

[64] FIROZJAEI M K,SEDIGHI A,ARGANY M,et al.A geographical direction-based approach for capturing the local variation of urban expansion

in the application of CA-Markov model[J].Cities,2019,93:120-135.
[65] ZHOU L,DANG X W,SUN Q K,et al. Multi-scenario simulation of urban land change in Shanghai by random forest and CA-Markov model [J].Sustainable cities and society,2020,55:102045.
[66] KHAWALDAH H A,FARHAN I,ALZBOUN N M.Simulation and prediction of land use and land cover change using GIS,remote sensing and CA-Markov model[J].Global journal of environmental science and management-gjesm,2020,6(2):215-232.
[67] BOSE A,CHOWDHURY I R. Monitoring and modeling of spatio-temporal urban expansion and land-use/land-cover change using Markov chain model:a case study in Siliguri Metropolitan area,West Bengal,India [J].Modeling earth systems and environment,2020,6(4):2235-2249.
[68] LIU Z F,YANG Y J,HE C Y,et al.Climate change will constrain the rapid urban expansion in drylands:a scenario analysis with the zoned land use scenario dynamics-urban model[J].The science of the total environment,2019,651(Pt 2):2772-2786.
[69] HE X D,MAI X M,SHEN G Q.Delineation of urban growth boundaries with SD and CLUE-s models under multi-scenarios in Chengdu metropolitan area[J].Sustainability,2019,11(21):5919.
[70] LIU X P,LIANG X,LI X,et al. A future land use simulation model (FLUS) for simulating multiple land use scenarios by coupling human and natural effects[J].Landscape and urban planning,2017,168:94-116.
[71] LIANG X,LIU X P,LI X,et al.Delineating multi-scenario urban growth boundaries with a CA-based FLUS model and morphological method[J]. Landscape and urban planning,2018,177:47-63.
[72] CHEN Y M,LI X,LIU X P,et al.Simulating urban growth boundaries using a patch-based cellular automaton with economic and ecological constraints[J]. International journal of geographical information science, 2019,33(1):55-80.
[73] HE J L,LI X,YAO Y,et al.Mining transition rules of cellular automata for simulating urban expansion by using the deep learning techniques[J]. International journal of geographical information science,2018,32(10): 2076-2097.
[74] GANTUMUR B,WU F L,VANDANSAMBUU B,et al.Spatiotemporal

dynamics of urban expansion and its simulation using CA-ANN model in Ulaanbaatar, Mongolia[J]. Geocarto international, 2022, 37(2): 494-509.

[75] 赵林峰,刘小平,刘鹏华,等.基于地理分区与 FLUS 模型的城市扩张模拟与预警[J].地球信息科学学报,2020,22(3):516-530.

[76] 张亦汉,刘小平,陈广亮,等.基于最大熵的 CA 模型及其城市扩张模拟[J].中国科学(地球科学),2020,50(3):339-352.

[77] BRIGHT E A, ROSE A N, URBAN M L, et al. Landscan 2017 high-resolution global population data set[R]. Oak Ridge National Lab.(ORNL), Oak Ridge, TN(United States), 2018.

[78] ERGASHEV B, AVLIYOKULOV B, SAFRANCHUK I, et al. Urbanization in Central Asia: Challenges, Issues and Prospects(Analytical Report No.2013/03) [R]. Center for Economic Research, Tashkent, Uzbekistan, 2013.

[79] 博鳌亚洲论坛亚洲竞争力 2017 年度报告 第 2 章 亚洲区域经济合作新特点与新趋势[C]//博鳌亚洲论坛亚洲竞争力 2017 年度报告[M].北京:对外经贸大学出版社,2017.

[80] CHEN J, CHEN J, LIAO A P, et al. Global land cover mapping at 30 m resolution: a POK-based operational approach[J]. ISPRS journal of photogrammetry and remote sensing, 2015, 103: 7-27.

[81] SULLA-MENASHE D, FRIEDL M A. User guide to collection 6 MODIS land cover(MCD12Q1 and MCD12C1) product[R]. USGS: Reston, VA, USA, 2018.

[82] SANTORO M, KIRCHES G, WEVERS J, et al. Land Cover CCI: Product User Guide Version 2.0[R]. Climate Change Initiative Belgium, 2017.

[83] BONTEMPS S, DEFOURNY P, VAN BOGAERT E, et al. GLOBCOVER 2009 Products description and validation report[R]. European space research information network, 2011.

[84] GUAN D B, SU X, ZHANG Q, et al. The socioeconomic drivers of China's primary $PM_{2.5}$ emissions[J]. Environmental research letters, 2014, 9(2): 024010.

[85] WANG S J, ZHOU C S, WANG Z B, et al. The characteristics and drivers of fine particulate matter ($PM_{2.5}$) distribution in China[J]. Journal of cleaner production, 2017, 142: 1800-1809.

[86] ZOU Q R, SHI J. The heterogeneous effect of socioeconomic driving

factors on $PM_{2.5}$ in China's 30 province-level administrative regions: evidence from Bayesian hierarchical spatial quantile regression[J]. Environmental pollution, 2020, 264: 114690.

[87] BHADURI B, BRIGHT E, COLEMAN P, et al. LandScan[J]. Geoinformatics, 2002, 5(2): 34-37.

[88] KUMMU M, TAKA M, GUILLAUME J H A. Gridded global datasets for gross domestic product and human development index over 1990-2015[J]. Scientific data, 2018, 5: 180004.

[89] JARVIS A, REUTER H I, NELSON A, et al. Hole-filled SRTM for the globe Version 4[J]. available from the CGIAR-CSI SRTM 90m database, 2008, 15: 25-54.

[90] VAN DONKELAAR A, MARTIN R V, BRAUER M, et al. Global Estimates of Fine Particulate Matter using a Combined Geophysical-Statistical Method with Information from Satellites, Models, and Monitors [J]. Environmental science & technology, 2016, 50 (7): 3762-3772.

[91] VAN DONKELAAR A, MARTIN R V, BRAUER M, et al. Global Annual $PM_{2.5}$ Grids from MODIS, MISR and SeaWiFS Aerosol Optical Depth(AOD) with GWR, 1998-2016[R]. NASA Socioeconomic Data and Applications Center(SEDAC), 2018.

[92] LEHNER B, VERDIN K, JARVIS A. New global hydrography derived from spaceborne elevation data [J]. Eos, transactions American geophysical union, 2008, 89(10): 93-94.

[93] LEHNER B, GRILL G. Global river hydrography and network routing: baseline data and new approaches to study the world's large river systems[J]. Hydrological processes, 2013, 27(15): 2171-2186.

[94] LEHNER B, VERDIN K, JARVIS A. HydroSHEDS technical documentation, version 1.0[R]. World wildlife fund US, Washington, DC, 2006.

[95] MESSAGER M L, LEHNER B, GRILL G, et al. Estimating the volume and age of water stored in global lakes using a geo-statistical approach[J]. Nature communications, 2016, 7: 13603.

[96] LINKE S, LEHNER B, OUELLET DALLAIRE C, et al. Global hydro-environmental sub-basin and river reach characteristics at high spatial resolution[J]. Scientific data, 2019, 6: 283.

[97] OUELLET DALLAIRE C, LEHNER B, SAYRE R, et al. A multidisciplinary framework to derive global river reach classifications at high spatial resolution[J]. Environmental research letters, 2019, 14(2): 024003.

[98] HAKLAY M, WEBER P. OpenStreetMap: user-generated street maps[J]. IEEE pervasive computing, 2008, 7(4): 12-18.

[99] GONG P, YU L, LI C C, et al. A new research paradigm for global land cover mapping[J]. Annals of GIS, 2016, 22(2): 87-102.

[100] BAN Y F, GONG P, GIRI C. Global land cover mapping using Earth observation satellite data: recent progresses and challenges [J]. ISPRS journal of photogrammetry and remote sensing, 2015, 103: 1-6.

[101] FENG M, BAI Y. A global land cover map produced through integrating multi-source datasets[J]. Big earth data, 2019, 3(3): 191-219.

[102] KOSMIDOU V, PETROU Z, BUNCE R G H, et al. Harmonization of the Land Cover Classification System (LCCS) with the General Habitat Categories (GHC) classification system [J]. Ecological indicators, 2014, 36: 290-300.

[103] VANCUTSEM C, MARINHO E, KAYITAKIRE F, et al. Harmonizing and combining existing land cover/land use datasets for cropland area monitoring at the African continental scale[J]. Remote sensing, 2012, 5(1): 19-41.

[104] VERBURG P H, NEUMANN K, NOL L. Challenges in using land use and land cover data for global change studies[J]. Global change biology, 2011, 17(2): 974-989.

[105] TSENDBAZAR N E, DE BRUIN S, HEROLD M. Integrating global land cover datasets for deriving user-specific maps[J]. International journal of digital earth, 2017, 10(3): 219-237.

[106] KRIZHEVSKY A, SUTSKEVER I, HINTON G E. ImageNet classification with deep convolutional neural networks[J]. Communications of the ACM, 2012, 60: 84-90.

[107] DONG C, LOY C C, TANG X O. Accelerating the super-resolution convolutional neural network [C]//European Conference on Computer Vision. Cham: Springer, 2016: 391-407.

[108] SHI W Z, CABALLERO J, HUSZÁR F, et al. Real-time single image and video super-resolution using an efficient sub-pixel convolutional neural

network[C]//2016 IEEE Conference on Computer Vision and Pattern Recognition(CVPR).Las Vegas,NV,USA.IEEE,2016:1874-1883.

[109] YUAN Q Q,ZHANG Q,LI J,et al.Hyperspectral image denoising employing a spatial-spectral deep residual convolutional neural network[J]. IEEE transactions on geoscience and remote sensing, 2019, 57 (2): 1205-1218.

[110] LAWRENCE S,GILES C L,TSOI A C,et al.Face recognition:a convolutional neural-network approach[J].IEEE transactions on neural networks,1997,8(1):98-113.

[111] KALCHBRENNER N,GREFENSTETTE E,BLUNSOM P.A convolutional neural network for modelling sentences[EB/OL].[2014-04-08]. arXiv:1404.2188.http://arxiv.org/abs/1404.2188

[112] LECUN Y,BENGIO Y.Convolutional networks for images,speech,and time series[J].The handbook of brain theory and neural networks,1995, 3361(10):1995.

[113] LECUN Y,BOTTOU L,BENGIO Y,et al.Gradient-based learning applied to document recognition[J].Proceedings of the IEEE, 1998, 86 (11):2278-2324.

[114] LECUN Y. LeNet-5, convolutional neural networks[J]. URL: http://yann.lecun.com/exdb/lenet,2015,20(5):14.

[115] SIMONYAN K,ZISSERMAN A.Very deep convolutional networks for large-scale image recognition[EB/OL].2014: arXiv: 1409.1556. http://arxiv.org/abs/1409.1556

[116] 张大千.基于深度神经网络的图像描述系统设计与实现[D].武汉:华中科技大学,2016.

[117] JU C,BIBAUT A,VAN DER LAAN M.The relative performance of ensemble methods with deep convolutional neural networks for image classification[J].Journal of applied statistics,2018,45(15):2800-2818.

[118] ARSENOV A,RUBAN I,SMELYAKOV K,et al.Evolution of convolutional neural network architecture in image classification problems[C]. Selected Papers of the XVIII International Scientific and Practical Conference on IT and Security(ITS 2018).CEUR Workshop Processing, 2018:35-45.

[119] HE K M,ZHANG X Y,REN S Q,et al.Deep residual learning for image

recognition[C]//2016 IEEE Conference on Computer Vision and Pattern Recognition(CVPR).Las Vegas,NV,USA.IEEE,2016:770-778.

[120] HOCHREITER S.The vanishing gradient problem during learning recurrent neural nets and problem solutions[J].International journal of uncertainty, fuzziness and knowledge-based systems, 1998, 6(2): 107-116.

[121] TONG T,LI G,LIU X J,et al.Image super-resolution using dense skip connections[C]//2017 IEEE International Conference on Computer Vision(ICCV).Venice,Italy.IEEE,2017:4809-4817.

[122] CLEVERT D A,UNTERTHINER T,HOCHREITER S.Fast and accurate deep network learning by exponential linear units(ELUs)[EB/OL]. 2015:arXiv:1511.07289.http://arxiv.org/abs/1511.07289.

[123] HUANG G,LIU Z,VAN DER MAATEN L,et al.Densely connected convolutional networks[C]//2017 IEEE Conference on Computer Vision and Pattern Recognition (CVPR). Honolulu, HI, USA. IEEE, 2017: 2261-2269.

[124] SZEGEDY C, VANHOUCKE V, IOFFE S, et al. Rethinking the inception architecture for computer vision[C]//2016 IEEE Conference on Computer Vision and Pattern Recognition(CVPR).Las Vegas,NV, USA.IEEE,2016:2818-2826.

[125] SZEGEDY C,LIU W,JIA Y Q,et al.Going deeper with convolutions [C]//2015 IEEE Conference on Computer Vision and Pattern Recognition(CVPR).Boston,MA,USA.IEEE,2015:1-9.

[126] IOFFE S,SZEGEDY C.Batch normalization:accelerating deep network training by reducing internal covariate shift[EB/OL].2015:arXiv:1502.03167.http://arxiv.org/abs/1502.03167

[127] SZEGEDY C,IOFFE S,VANHOUCKE V,et al.Inception-v4,inception-ResNet and the impact of residual connections on learning[EB/OL]. 2016:arXiv:1602.07261.http://arxiv.org/abs/1602.07261

[128] SHIN H C,ROTH H R,GAO M C,et al.Deep convolutional neural networks for computer-aided detection:CNN architectures,dataset characteristics and transfer learning[J].IEEE transactions on medical imaging, 2016,35(5):1285-1298.

[129] 张伟.基于深度卷积神经网络自学习特征的地表覆盖分类研究[D].北京:

中国科学院大学(中国科学院遥感与数字地球研究所),2017.

[130] LAKE B,SALAKHUTDINOV R,GROSS J,et al.One shot learning of simple visual concepts[C].Proceedings of the annual meeting of the cognitive science society,2011.

[131] CHENG G,HAN J W,LU X Q.Remote sensing image scene classification:benchmark and state of the art[J].Proceedings of the IEEE,2017,105(10):1865-1883.

[132] DENG J, DONG W, SOCHER R, et al. ImageNet: a large-scale hierarchical image database[C]//2009 IEEE Conference on Computer Vision and Pattern Recognition.Miami,FL,USA.IEEE,2009:248-255.

[133] 刘天福,陈学泓,董琪,等.深度学习在 GlobeLand30-2010 产品分类精度优化中应用研究[J].遥感技术与应用,2019,34(4):685-693.

[134] STRAHLER A H,BOSCHETTI L,FOODY G M,et al.Global land cover validation:Recommendations for evaluation and accuracy assessment of global land cover maps[J].European communities,luxembourg,2006,51(4):63-67.

[135] TSENDBAZAR N E,HEROLD M,DE BRUIN S,et al.Developing and applying a multi-purpose land cover validation dataset for Africa[J].Remote sensing of environment,2018,219:298-309.

[136] XING H F,MENG Y,WANG Z X,et al.Exploring geo-tagged photos for land cover validation with deep learning[J].ISPRS journal of photogrammetry and remote sensing,2018,141:237-251.

[137] SUN B,CHEN X,ZHOU Q M.Uncertainty assessment of GLOBELAND30 land cover data set over central Asia[J].ISPRS - international archives of the photogrammetry,remote sensing and spatial information sciences,2016,41B8:1313-1317.

[138] Cha S Y,Park C H.The Utilization of Google Earth Images as Reference Data for The Multitemporal Land Cover Classification With MODIS Data of North Korea[J].Korean journal of remote sensing,2007,23(5):483-491.

[139] YANG Y K,XIAO P F,FENG X Z,et al.Accuracy assessment of seven global land cover datasets over China[J].ISPRS journal of photogrammetry and remote sensing,2017,125:156-173.

[140] FRITZ S,MCCALLUM I,SCHILL C,et al.Geo-Wiki.Org:the use of

crowdsourcing to improve global land cover[J].Remote sensing,2009,1(3):345-354.

[141] SEE L D,FRITZ S,PERGER C,et al.Harnessing the power of volunteers,the Internet and Google Earth to collect and validate global spatial information using Geo-Wiki [J]. Technological forecasting and social change,2015,98:324-335.

[142] PERGER C,LEDREW E,SEE L D,et al.Geography geo-wiki in the classroom:using crowdsourcing to enhance geographical teaching[J].Future internet,2014,6(4):597-611.

[143] BAYAS J C L, LESIV M, WALDNER F, et al. A global reference database of crowdsourced cropland data collected using the Geo-Wiki platform[J].Scientific data,2017,4:170136.

[144] FOODY G M.Status of land cover classification accuracy assessment[J]. Remote sensing of environment,2002,80(1):185-201.

[145] GHIMIRE B,ROGAN J,MILLER J.Contextual land-cover classification:incorporating spatial dependence in land-cover classification models using random forests and the Getis statistic[J].Remote sensing letters,2010,1(1):45-54.

[146] ZHANG H S,LI J,WANG T,et al.A manifold learning approach to urban land cover classification with optical and radar data[J].Landscape and urban planning,2018,172:11-24.

[147] FANAN U,DLAMA K I,OLUSEYI I O.Urban expansion and vegetal cover loss in and around nigerias federal capital city[J].Journal of ecology and the natural environment,2011,3(1):1-10.

[148] ZHONG Q Y,MA J,ZHAO B,et al.Assessing spatial-temporal dynamics of urban expansion,vegetation greenness and photosynthesis in megacity Shanghai, China during 2000-2016 [J]. Remote sensing of environment, 2019, 233:111374.

[149] SUN X,CRITTENDEN J C,LI F,et al.Urban expansion simulation and the spatio-temporal changes of ecosystem services,a case study in Atlanta Metropolitan area,USA[J].The science of the total environment,2018,622/623:974-987.

[150] HUANG J P,JI M X,XIE Y K,et al.Global semi-arid climate change over last 60years[J].Climate dynamics,2016,46(3):1131-1150.

[151] SONG X P, HANSEN M C, STEHMAN S V, et al. Global land change from 1982 to 2016[J]. Nature, 2018, 560: 639-643.

[152] SONG X P, POTAPOV P V, KRYLOV A, et al. National-scale soybean mapping and area estimation in the United States using medium resolution satellite imagery and field survey[J]. Remote sensing of environment, 2017, 190: 383-395.

[153] TU S S, LONG H L, ZHANG Y N, et al. Rural restructuring at village level under rapid urbanization in metropolitan suburbs of China and its implications for innovations in land use policy[J]. Habitat international, 2018, 77: 143-152.

[154] DENG J S, WANG K, HONG Y, et al. Spatio-temporal dynamics and evolution of land use change and landscape pattern in response to rapid urbanization[J]. Landscape and urban planning, 2009, 92(3/4): 187-198.

[155] ZHANG Q L, SETO K C. Mapping urbanization dynamics at regional and global scales using multi-temporal DMSP/OLS nighttime light data [J]. Remote sensing of environment, 2011, 115(9): 2320-2329.

[156] VAN VLIET J, EITELBERG D A, VERBURG P H. A global analysis of land take in cropland areas and production displacement from urbanization[J]. Global environmental change, 2017, 43: 107-115.

[157] D'AMOUR C B, REITSMA F, BAIOCCHI G, et al. Future urban land expansion and implications for global croplands[J]. Proceedings of the national academy of sciences of the United States of America, 2017, 114 (34): 8939-8944.

[158] YAO R, CAO J, WANG L C, et al. Urbanization effects on vegetation cover in major African cities during 2001-2017[J]. International journal of applied earth observation and geoinformation, 2019, 75: 44-53.

[159] DENG X Z, HUANG J K, ROZELLE S, et al. Impact of urbanization on cultivated land changes in China[J]. Land use policy, 2015, 45: 1-7.

[160] FU P, WENG Q H. A time series analysis of urbanization induced land use and land cover change and its impact on land surface temperature with Landsat imagery[J]. Remote sensing of environment, 2016, 175: 205-214.

[161] LIU W, ZHAN J Y, ZHAO F, et al. Impacts of urbanization-induced land-use changes on ecosystem services: a case study of the Pearl River

Delta Metropolitan Region, China[J]. Ecological indicators, 2019, 98: 228-238.

[162] TIAN L,GE B Q,LI Y F.Impacts of state-led and bottom-up urbanization on land use change in the peri-urban areas of Shanghai: planned growth or uncontrolled sprawl? [J].Cities,2017,60:476-486.

[163] PAUL S,NAGENDRA H.Factors influencing perceptions and use of urban nature: surveys of park visitors in Delhi[J].Land,2017,6(2):27.

[164] HODSON C B,SANDER H A.Green urban landscapes and school-level academic performance[J]. Landscape and urban planning, 2017, 160: 16-27.

[165] HUNTER M R,GILLESPIE B W,CHEN S Y P.Urban nature experiences reduce stress in the context of daily life based on salivary biomarkers[J].Frontiers in psychology,2019,10:722.

[166] VAN DEN BOSCH M,SANG Å O.Urban natural environments as nature-based solutions for improved public health: a systematic review of reviews[J].Environmental research,2017,158:373-384.

[167] OFFER A.Planet of Slums(review)[J].Common knowledge,2008,14: 506-506.

[168] UN-HABITAT.The challenge of slums: global report on human settlements 2003[J]. Management of environmental quality, 2004, 15(3): 337-338.

[169] EZEH A,OYEBODE O,SATTERTHWAITE D,et al.The history,geography,and sociology of slums and the health problems of people who live in slums[J].Lancet,2017,389(10068):547-558.

[170] LILFORD R J,OYEBODE O,SATTERTHWAITE D,et al.Improving the health and welfare of people who live in slums[J].Lancet,2017,389 (10068):559-570.

[171] UN H.State of the world's cities 2012/2013: prosperity of cities[R]. Routledge,UNHABITAT Nueva York,2013.

[172] Share of urban population living in slums.[EB/OL].[2014-06-12]. https://ourworldindata.org/urbanization#urban-slum-populations.

[173] KADYRKHANOVA Z M,SHMELEV S E,SAGIYEVA R K,et al.Multidimensional assessment of sustainability of Taipei and Almaty[M]// SHMELEV S E, ed. Sustainable Cities Reimagined. New York:

Routledge,2019:217-244.

[174] CERDÀ A, RODRIGO-COMINO J, NOVARA A, et al. Long-term impact of rainfed agricultural land abandonment on soil erosion in the Western Mediterranean Basin[J]. Progress in physical geography: earth and environment,2018,42(2):202-219.

[175] DUVEILLER G, HOOKER J, CESCATTI A. The mark of vegetation change on Earth's surface energy balance[J]. Nature communications, 2018,9:679.

[176] HUANG K N, LI X, LIU X P, et al. Projecting global urban land expansion and heat island intensification through 2050[J]. Environmental research letters,2019,14(11):114037.

[177] ÜRGE-VORSATZ D, ROSENZWEIG C, DAWSON R J, et al. Locking in positive climate responses in cities[J]. Nature climate change, 2018, 8: 174-177.

[178] LI D, LIAO W L, RIGDEN A J, et al. Urban heat island: Aerodynamics or imperviousness? [J]. Science advances,2019,5(4):4299.

[179] PYRGOU A, HADJINICOLAOU P, SANTAMOURIS M. Urban-rural moisture contrast: regulator of the urban heat island and heatwaves' synergy over a Mediterranean city [J]. Environmental research, 2020, 182:109102.

[180] YIN C, YANG F, WANG J L, et al. Spatiotemporal distribution and risk assessment of heat waves based on apparent temperature in the one belt and one road region[J]. Remote sensing,2020,12(7):1174.

[181] 徐涵秋,王美雅.地表不透水面信息遥感的主要方法分析[J].遥感学报,2016,20(5):1270-1289.

[182] BELL C D, TAGUE C L, MCMILLAN S K. Modeling runoff and nitrogen loads from a watershed at different levels of impervious surface coverage and connectivity to storm water control measures[J]. Water resources research, 2019,55(4):2690-2707.

[183] SHAO Z F, FU H Y, LI D R, et al. Remote sensing monitoring of multi-scale watersheds impermeability for urban hydrological evaluation[J]. Remote sensing of environment,2019,232:111338.

[184] TANG X Z, SHU Y Q, LIAN Y Q, et al. A spatial assessment of urban waterlogging risk based on a Weighted Naïve Bayes classifier[J]. The

science of the total environment,2018,630:264-274.

[185] PIAO S L,CUI M D,CHEN A P,et al. Altitude and temperature dependence of change in the spring vegetation green-up date from 1982 to 2006 in the Qinghai-Xizang Plateau[J].Agricultural and forest meteorology,2011,151(12):1599-1608.

[186] LI X,CHENG G D,JIN H J,et al. Cryospheric change in China[J]. Global and planetary change,2008,62(3/4):210-218.

[187] SONG C Q,SHENG Y W,KE L H,et al. Glacial lake evolution in the southeastern Tibetan Plateau and the cause of rapid expansion of proglacial lakes linked to glacial-hydrogeomorphic processes[J].Journal of hydrology,2016,540:504-514.

[188] ZHANG G Q,YAO T D,XIE H J,et al. An inventory of glacial lakes in the Third Pole region and their changes in response to global warming [J].Global and planetary change,2015,131:148-157.

[189] KÄÄB A,LEINSS S,GILBERT A,et al. Massive collapse of two glaciers in western Tibet in 2016 after surge-like instability[J].Nature geoscience,2018, 11(2):114-120.

[190] 姚檀栋,邬光剑,徐柏青,等."亚洲水塔"变化与影响[J].中国科学院院刊,2019,34(11):1203-1209.

[191] HUSS M,HOCK R. Global-scale hydrological response to future glacier mass loss[J].Nature climate change,2018,8:135-140.

[192] KRAAIJENBRINK P D A,BIERKENS M F P,LUTZ A F,et al. Impact of a global temperature rise of 1.5 degrees Celsius on Asia's glaciers[J]. Nature,2017,549:257-260.

[193] IMMERZEEL W W,PELLICCIOTTI F,BIERKENS M F P. Rising river flows throughout the twenty-first century in two Himalayan glacierized watersheds[J].Nature geoscience,2013,6:742-745.

[194] RADIĆ V,HOCK R. Regionally differentiated contribution of mountain glaciers and ice caps to future sea-level rise[J].Nature geoscience,2011, 4:91-94.

[195] 王晓明,张靖琳,刘世伟,等."亚洲水塔"在高亚地区的社会经济作用[J].中国科学院院刊,2019,34(11):1332-1340.

[196] PRITCHARD H D. Asia's shrinking glaciers protect large populations from drought stress[J].Nature,2019,569:649-654.

[197] LAGHARI A N, VANHAM D, RAUCH W. The Indus Basin in the framework of current and future water resources management[J]. Hydrology and earth system sciences, 2012, 16(4): 1063-1083.

[198] LUAN W F, LI X. Rapid urbanization and its driving mechanism in the Pan-Third Pole region[J]. The science of the total environment, 2021, 750: 141270.

[199] HU Z Y, LO C P. Modeling urban growth in Atlanta using logistic regression[J]. Computers, environment and urban systems, 2007, 31(6): 667-688.

[200] GRIMM N B, FAETH S H, GOLUBIEWSKI N E, et al. Global change and the ecology of cities[J]. Science, 2008, 319(5864): 756-760.

[201] KUANG W H, CHI W F, LU D S, et al. A comparative analysis of megacity expansions in China and the U.S.: patterns, rates and driving forces[J]. Landscape and urban planning, 2014, 132: 121-135.

[202] LI P Y, QIAN H, WU J H. Environment: accelerate research on land creation[J]. Nature, 2014, 510: 29-31.

[203] ZHANG F Y, YAN B B, FENG X M, et al. A rapid loess mudflow triggered by the check dam failure in a bulldoze mountain area, Lanzhou, China[J]. Landslides, 2019, 16(10): 1981-1992.

[204] LI P Y, QIAN H. Water resource development and protection in loess areas of the world: a summary to the thematic issue of water in loess[J]. Environmental earth sciences, 2018, 77(24): 796.

[205] ZHANG Q W, SU S L. Determinants of urban expansion and their relative importance: a comparative analysis of 30 major metropolitans in China[J]. Habitat international, 2016, 58: 89-107.

[206] LI H L, JIAN P, LIU Y X, et al. Urbanization impact on landscape patterns in Beijing City, China: a spatial heterogeneity perspective[J]. Ecological indicators, 2017, 82: 50-60.

[207] YOU H Y, YANG X F. Urban expansion in 30 megacities of China: categorizing the driving force profiles to inform the urbanization policy[J]. Land use policy, 2017, 68: 531-551.

[208] WANG Y C, SHEN J K, YAN W T, et al. Backcasting approach with multi-scenario simulation for assessing effects of land use policy using GeoSOS-FLUS software[J]. MethodsX, 2019, 6: 1384-1397.

[209] LI Z Z,CHENG X Q,HAN H R.Future impacts of land use change on ecosystem services under different scenarios in the ecological conservation area,Beijing,China[J].Forests,2020,11(5):584.

[210] ZHAO Z L,GUAN D J,DU C L.Urban growth boundaries delineation coupling ecological constraints with a growth-driven model for the main urban area of Chongqing,China[J].GeoJournal,2020,85(4):1115-1131.

[211] YAN Y C,LIU X P,WANG F Y,et al.Assessing the impacts of urban sprawl on net primary productivity using fusion of Landsat and MODIS data[J].The science of the total environment,2018,613/614:1417-1429.

[212] 王旭,马伯文,李丹,等.基于FLUS模型的湖北省生态空间多情景模拟预测[J].自然资源学报,2020,35(1):230-242.

[213] HUI E C M,WU Y Z,DENG L J,et al.Analysis on coupling relationship of urban scale and intensive use of land in China[J].Cities,2015,42:63-69.

[214] ZHOU S H,WANG K,YANG S Q,et al.Warming effort and energy budget difference of various human land use intensity:case study of Beijing,China[J].Land,2020,9(9):280.

[215] LIU G S,WANG H M,CHENG Y X,et al.The impact of rural out-migration on arable land use intensity:evidence from mountain areas in Guangdong,China[J].Land use policy,2016,59:569-579.